Chèvres naines de compagnie

Chèvres naines, mini chèvres, chèvres toy :
tout ce qu'il faut savoir.

Ce livre inclut l'élevage, la reproduction, la
traite, l'alimentation, les soins et la santé.

par

Elliott Lang

Traduit de l'anglais vers le français par Lucy Rudford

Publié par IMB Publishing 2014

Remerciements

Je souhaite remercier mes enfants qui ont inspiré l'idée de ce livre. Leur amour et leur dévotion pour nos chèvres naines, AJ et Buckley, m'a donné envie de partager la joie que procurent ces animaux de compagnie.

Je remercie également ma femme, dont la patience à mon égard ne connaît pas de limites.

Table des matières

Table de matières

Table de matières

Chapitre Un : Introduction

La plupart des gens, lorsqu'ils entendent « animal de compagnie », imaginent un chaton câlin ou un chien tout doux – peut-être même un hamster ou un oiseau. Très peu de gens pensent à une chèvre cornue et barbue. Pourtant, les chèvres naines sont en train de devenir des animaux de compagnie populaires, et avec raison. Ces animaux sont très gentils et peuvent être extrêmement divertissants. Si vous avez envie de posséder un animal de compagnie, mais que vous ne voulez pas un animal « traditionnel » comme un chien ou un chat, la chèvre naine est peut-être un bon choix pour vous. J'ai moi-même eu la chance d'en avoir et je les adore !

Même si ces animaux ne vous viennent pas tout de suite à l'esprit lorsqu'on parle d'animaux de compagnie, ce sont de fantastiques compagnons. Les chèvres naines sont incroyablement intelligentes et de nature affectueuse, ce qui fait que c'est un plaisir d'en avoir. En outre, elles demandent moins de dépenses et de soins que les autres sortes d'animaux de ferme. Si vous recherchez un animal de compagnie unique et amusant, pensez à la chèvre naine.

Dans ce livre, vous apprendrez les bases concernant les chèvres naines, avec leurs origines, ce à quoi elles ressemblent et comment s'en occuper. Vous recevrez toutes les informations nécessaires pour préparer l'enclos de votre chèvre naine et pour stocker les fournitures requises. Vous trouverez également un certain nombre de ressources et d'outils concernant l'alimentation, la reproduction et les soins ainsi que des informations importantes pour prévenir et traiter les maladies qui touchent les chèvres naines.

En outre, vous trouverez une multitude de renseignements concernant les concours de chèvres naines ainsi qu'une longue liste de questions fréquemment posées. Tout ce que vous vous êtes demandé concernant les chèvres naines peut être trouvé dans ce livre ! Si vous avez pensé adopter des chèvres naines pour animaux de compagnie, ce livre est ce qu'il vous faut pour commencer.

Qu'attendez-vous ?
Apprenez à connaître les chèvres naines dès aujourd'hui !

Chapitre Deux : Connaître les chèvres naines

1.) Que sont les chèvres naines ?

La chèvre naine est une race de chèvre domestique miniature qui est souvent élevée pour sa viande. Ces chèvres sont également de bonnes productrices de lait et elles servent parfois d'animaux de compagnie. Les chèvres naines sont des animaux robustes qui s'adaptent facilement à toutes sortes de climats et d'environnements. Bien qu'elle ressemble aux autres chèvres domestiques, la chèvre naine possède quelques différences au niveau de son anatomie, comme par exemple des ergots.

2.) Quelques faits

Les chèvres naines pèsent en moyenne entre 22 et 40 kg. Les femelles de l'espèce pèsent en général entre 24 et 34 kg. Les mâles, les boucs, pèsent entre 27 et 39 kg. La plupart des chèvres naines atteignent une taille qui oscille entre 41 et 58 cm. Les chèvres naines ont une grande variété de couleurs comprenant le blanc, le noir, le gris, le marron et des variations du caramel et du gris agouti.

Les chèvres naines sont des animaux robustes qui ont tendance à être très gentils et dociles. Ce sont ces caractéristiques qui rendent la chèvre de compagnie aussi populaire. La chèvre naine est également une bonne productrice de lait et elle broute efficacement. Ces chèvres se portent bien dans différents environnements et elles sont capables de s'adapter à presque tout type de climat.

Ces chèvres n'ont pas besoin de beaucoup de soins spéciaux. En fait, elles seront bien tant qu'on leur fournit un abri de 2,50 m x 3 m avec un espace pour dormir et un espace pour se nourrir. Si elles disposent de suffisamment d'espace pour brouter et se promener, ces chèvres sont des animaux de compagnie très actifs et sociables. Elles sont faciles à entretenir et ce sont aussi des reproductrices précoces – les femelles ont généralement une portée d'un à quatre chevreaux tous les 9 à 12 mois.

3.) Histoire des chèvres naines de compagnie

Les chèvres naines sont originaires d'Afrique de l'Ouest. Il existe deux types de nanisme apparents chez les chèvres d'Afrique. L'achondroplasie cause des jambes très courtes, un corps rondelet et une tête courte, tandis que l'hypoplasie pituitaire crée une petite chèvre avec des proportions normales. Le premier de ces deux types est plus courant chez les chèvres d'Afrique de l'Ouest alors que le second type est commun au sud du Soudan.

On pense que les chèvres naines ont été domestiquées dès 7000 ans avant J-C, mais elles ne furent importées depuis l'Afrique dans des zoos européens que dans les années 1950. Les chèvres naines étaient exposées en tant qu'animaux exotiques dans les zoos de Suède et d'Allemagne et furent parfois utilisées pour la recherche. En 1959, les premiers chargements de chèvres naines furent envoyés de la Suède aux États-Unis. Les destinataires de ces chargements étaient la famille Rhue en Californie et la Catskill Game Farm dans l'état de New York. Petit à petit, la popularité de cette espèce s'est répandue et rapidement, des particuliers et des éleveurs en ont acheté pour servir d'animaux de compagnie et de concours. De nos jours, la chèvre naine se voit souvent dans les fermes pédagogiques, et elles servent souvent d'animaux de compagnie en Amérique du Nord et en Europe.

En Grande-Bretagne et aux États-Unis, des clubs et associations de propriétaires de chèvres naines sont très actifs. Ils ont établi un standard de la race, transmettent des informations et des ressources utiles à leurs membres et fournissent une liste d'éleveurs agréés. En France, la race n'est pas officiellement reconnue, il n'y a donc pas de standard auquel se conformer.

4.) Types de chèvres naines

Les chèvres naines sont connues sous le nom scientifique de *Capra hircus*. Ces chèvres possèdent une grande variété de couleurs et de motifs, mais toutes les chèvres naines appartiennent à la même espèce. Les chèvres naines ont un corps dense recouvert d'un pelage épais et soutenu par des pattes robustes. Le mufle est allongé et les longues oreilles sont rabattues en avant. La génétique joue un rôle important dans la détermination des couleurs des chèvres naines et toutes les couleurs sont acceptées.

Le pelage des chèvres naines est généralement bien fourni et droit, fait de poils de longueur moyenne – la densité du pelage peut varier d'une saison à l'autre. Les mâles adultes ont un pelage très dense avec une longue barbe bien remplie. Ils peuvent également arborer une crinière abondante tombant des épaules. Les chèvres naines femelles peuvent également posséder une barbe, mais elle est souvent clairsemée et courte. La coloration la plus courante chez les chèvres naines est le motif agouti composé d'un mélange de poils foncés et clairs.

Même si toutes les couleurs sont acceptables, les chèvres naines doivent posséder des marques spécifiques à leur race pour être conformes aux standards anglais et américain. Les chèvres unies noires sont acceptables, mais les chèvres multicolores doivent avoir le museau, le front, les oreilles et les yeux de couleur plus claire que le reste du corps. Le sommet de la tête et la ligne dorsale sont plus foncés que la couleur principale du corps, tout comme les pieds. Les chèvres couleur caramel possèdent typiquement des rayures verticales claires sur l'avant des pattes foncées.

Petit résumé de la chèvre naine :

Espérance de vie : 10 à 15 ans
Poids moyen (Femelle) : 24 à 34 kg
Poids moyen (Mâle) : 27 à 39 kg
Taille moyenne : 41 to 58 cm
Motif courant de la robe : agouti
Couleurs de robe acceptées : toutes
Marques spécifiques à la race : museau, front, oreilles et yeux plus clairs ; sommet de la tête, ligne dorsale et onglons plus foncés.

Chapitre Trois : Ce qu'il faut savoir avant d'acheter

Avant que vous sortiez pour acheter une chèvre naine, il est important de connaître un certain nombre de choses. Tout d'abord, il existe une législation spécifique en fonction de l'endroit où vous habitez. En France, vous devrez vous déclarer auprès de l'Établissement Départemental de l'Élevage (EDE). Vous devrez également prendre le temps de déterminer si les chèvres naines s'entendront avec les autres animaux de votre propriété et décider combien de chèvres vous devriez acquérir.

Outre ces informations initiales, il serait prudent de vous familiariser avec les coûts associés à la garde de chèvres naines afin de déterminer si votre projet est faisable. Vous trouverez toutes ces informations pratiques dans ce chapitre.

1.) Avez-vous besoin d'un permis ?

En France, même si vous ne possédez qu'une seule chèvre de compagnie, vous devez vous déclarer auprès de l'Établissement Départemental de l'Élevage qui vous enverra un formulaire à remplir avant de vous attribuer un Numéro de Cheptel. Toute chèvre doit être identifiée. Si vous avez une naissance, vous devrez remplir un formulaire pour l'identification de votre chèvre. Ce formulaire sera transmis à l'EDE qui vous fournira la boucle électronique obligatoire portant le numéro d'identification attribué à votre animal. N'achetez jamais un animal non identifié.

Pour le suivi de votre chèvre, vous devrez tenir à jour un registre contenant les principaux renseignements relatifs à l'animal (date de naissance, date d'achat, numéro d'identification, sexe, etc.). Si vous souhaitez déplacer votre chèvre, vous aurez besoin de demander un bon de transport et de prévenir l'EDE. Enfin, vous devrez chaque année remplir le formulaire de recensement des animaux d'élevage et le retourner à l'EDE.

2.) Combien de chèvres acheter ?

Les chèvres naines sont de nature très sociable, il est donc recommandé de les avoir en groupe. Le nombre de chèvres naines que vous devriez acheter dépend de l'espace dont vous disposez. Pour chaque chèvre naine, il faudra prévoir 1,5 à 2 m². Assurez-vous aussi d'avoir suffisamment de place à l'abri pour toutes les chèvres que vous comptez posséder.

N'oubliez pas que les chèvres et les boucs doivent être séparés, ce qui peut être un facteur déterminant dans l'espace dont vous disposez pour accueillir vos chèvres naines. Si vous avez l'intention de posséder plusieurs mâles, vous aurez besoin d'une grange avec des stalles séparées et plusieurs enclos, pour que les boucs ne soient jamais mis ensemble. Pour que le bouc ne se sente pas seul, vous pouvez éventuellement mettre un chevreau mâle dans son étable – cela fait de la compagnie au bouc adulte et le chevreau sera en sécurité.

Si vous pouvez garder vos chèvres naines dans des pâturages, c'est bien sûr l'idéal. Lorsque ce n'est pas possible, faites de votre mieux pour offrir de grands espaces clôturés à vos chèvres. Un enclos de 3 x 3 m est adapté pour deux à quatre chèvres naines, mais plus c'est grand, mieux c'est. Même si vous laissez vos chèvres dans des pâturages ouverts, vous devrez fournir un abri adapté au nombre de chèvres en votre possession.

3.) Peut-on avoir des chèvres naines en même temps que d'autres animaux de compagnie ?

Les chèvres naines sont des animaux très aimables et elles s'entendent en général très bien avec d'autres espèces de bétail. On voit par exemple souvent des chèvres près des terrains de courses hippiques et dans les élevages de chevaux. Elles ont aussi été utilisées dans les zoos pour tenir compagnie aux éléphants. Les chèvres naines peuvent s'entendre avec les animaux domestiques tels que les chiens et les chats.

Les chèvres naines ne sont pas seulement de bons compagnons pour d'autres animaux, elles sont aussi d'excellents animaux de compagnie pour l'homme. Ces chèvres sont douces et affectueuses – leur petite taille les rend adaptées pour s'entendre avec les enfants. Les chèvres naines ont également été utilisées comme animaux thérapeutiques.

4.) Coût des soins

Avoir des chèvres naines coûte généralement moins cher que d'autres types de bétail, mais cela dépend du nombre de chèvres que vous avez et de la qualité des matériaux choisis pour leur abri, leur enclos et leur alimentation. Si vous choisissez des matériaux très basiques pour l'abri et l'enclos, vous pouvez fortement réduire les dépenses, mais il vous faudra peut-être remplacer les choses plus tôt que si vous aviez investi dans du matériel de qualité. L'alimentation des chèvres naines est assez peu coûteuse, mais les dépenses vétérinaires pour les vaccinations, les vermifuges et les examens peuvent varier de manière considérable.

Lorsque vous décidez pour la première fois d'élever des chèvres naines, vous devez vous attendre à des dépenses initiales. Ces dépenses incluent le prix des chèvres, le coût de la construction de l'enclos et de l'abri, ainsi que la nourriture. Une fois que ces dépenses initiales ont été faites, vous devrez fournir de la nourriture à vos chèvres et consulter régulièrement un vétérinaire. Les sous-chapitres qui suivent vous aideront à estimer le coût de l'élevage d'une ou plusieurs chèvres naines.

a.) Résumé des dépenses initiales

Le prix d'une chèvre naine se situe entre 50 et 200 € par chèvre. Le prix est très variable selon que vous l'achetez chez un éleveur professionnel ou par une petite annonce. Le prix dépend aussi du sexe de l'animal. Les dépenses pour l'enclos et l'abri sont extrêmement variables selon la quantité de chèvres que vous souhaitez garder et la configuration de votre terrain. Les enclos peuvent coûter de 150 à 700 € en fonction de la qualité des matériaux et de la taille.

En plus du prix des chevreaux, vous devrez peut-être aussi payer des frais de vétérinaire. Avant de ramener la chèvre chez vous, vous devez vous assurer qu'elle a été correctement vaccinée et vermifugée, éventuellement écornée. Ces services coûtent entre

10 et 70 €, selon que ce soit fait à l'élevage ou par un vétérinaire. Pensez aussi aux frais d'identification et de traitement de dossier qui varient en fonction des départements.

b.) Résumé des dépenses mensuelles

Après avoir payé les dépenses initiales concernant l'achat et la préparation de l'enclos, il vous reste à tenir compte des dépenses mensuelles d'alimentation et de soins vétérinaires. Les examens vétérinaires standards peuvent coûter entre 25 et 35 € selon les vétérinaires, sans compter le prix des médicaments et des vaccins qui peut varier de 1 à 20 € par mois. Les frais d'alimentation vont dépendre du nombre de chèvres naines que vous possédez. Une petite botte de foin de luzerne coûte entre 1 € et 3 € et les céréales se vendent autour de 10 € le sac de 25 kg. Les autres dépenses mensuelles à prendre en compte sont celles du chauffage et de l'eau pour l'abri des chèvres. Ces dépenses varient en fonction du nombre de chèvres et de la taille de l'abri.

5.) Avantages et inconvénients des chèvres naines

Avantages des chèvres naines

a) Leur petite taille fait qu'elles n'ont pas besoin d'autant de place que d'autres animaux de ferme
b) Elles sont de nature aimable et affectueuse
c) Ce sont de fabuleux animaux de compagnie, particulièrement pour les enfants et les familles

d) Utiles en tant que compagnons et même capables de travailler

e) Faciles à éduquer – on peut traire le lait ou leur faire tirer des charettes

f) Se reproduisent toute l'année – les chevreaux peuvent naître à n'importe quel moment de l'année

g) Assez facile à élever – aucune formation spécifique n'est nécessaire pour réussir à élever des chèvres naines.

Inconvénients des chèvres naines

a) Les chèvres de compagnie, quelle que soit la race, peuvent abimer et détruire

b) Elles adorent sauter et grimper et peuvent s'échapper de l'enclos si la clôture est trop basse

c) Peuvent être des mangeuses capricieuses – elles ont besoin d'un certain régime alimentaire

d) Des gestations non planifiées peuvent être un problème si les chevreaux ne sont pas séparés à temps

e) Il faut une autorisation pour détenir une chèvre, il peut y avoir des restrictions administratives

f) Les boucs nains entiers (non castrés) peuvent avoir mauvais caractère et une forte odeur

g) Le coût des vaccinations et des traitements contre les maladies peut devenir élevé

h) Les chèvres mâles et femelles doivent être maintenus séparés – il faut éventuellement construire des enclos supplémentaires.

Chapitre Quatre : Acheter des chèvres naines

1.) Où acheter des chèvres naines

Pour l'achat des chèvres naines, un certain nombre de possibilités s'offre à vous. Si vous ne souhaitez pas à tout prix acheter des chevreaux, vous pouvez chercher s'il y a un refuge pour chèvres abandonnées dans votre région. Il existe également des refuges plus généralistes pour tous les animaux de ferme. Vous pourrez trouver ces endroits en cherchant sur internet ou en posant la question à votre vétérinaire.

Si vous préférez acheter chez un éleveur spécialisé, renseignez-vous auprès de votre vétérinaire ou sur des forums de propriétaires de chèvres naines.

2.) Comment acheter des chèvres naines

Lorsque vous achetez des chèvres naines, il est important de déterminer que l'éleveur chez lequel vous achetez est responsable et que les chèvres que vous choisissez sont en bonne santé. Prenez également le temps de vous renseigner sur les vaccinations des chèvres, sur leur régime alimentaire et sur l'âge des animaux.

Il est important de poser les questions suivantes lorsque vous achetez une chèvre naine :

Quel est l'âge de la chèvre ?

19

De nombreux propriétaires préfèrent acheter des chevreaux – cela garantit qu'ils pourront les éduquer eux-mêmes. Avant d'acheter, demandez quel est l'âge des chevreaux au vendeur. Les chevreaux ne doivent pas être sevrés avant l'âge de 8 semaines – de nombreux éleveurs refusent de les vendre avant l'âge de 12 semaines. Si vous achetez un chevreau qui a 8 semaines ou moins, il vous faudra peut-être le nourrir au biberon – cela peut être très difficile si le chevreau est habitué à se nourrir sous sa mère.

Que mange la chèvre ?

Même si les chevreaux ne sont pas entièrement sevrés avant l'âge de 10 à 12 semaines, ils devraient déjà manger des céréales et du foin avant cet âge-là. Il est important de savoir si les chevreaux que vous achetez sont habitués à ce type de nourriture. Demandez également quel type de grains et de foin vos chevreaux mangent, car un changement soudain de leur alimentation peut perturber leur digestion. Pendant leurs premiers jours chez vous, il vaut mieux donner aux chevreaux ce à quoi ils sont habitués, puis changer progressivement (en 7 à 10 jours) le menu si nécessaire.

La chèvre a-t-elle reçu des compléments alimentaires ?

Certains éleveurs de chèvres naines choisissent d'offrir des compléments de vitamines et de minéraux aux chèvres pour favoriser leur croissance. Les compléments alimentaires ne sont en général pas nécessaires, mais ils peuvent être utiles si certaines carences nutritionnelles sont courantes dans votre région. Demandez à l'éleveur si vos chèvres risquent de présenter des carences dans certains domaines et si elles ont reçu des compléments. Si elles en ont reçu, vous pourrez soit continuer à leur proposer les mêmes, soit les en sevrer progressivement pour éviter des problèmes.

La chèvre a-t-elle été vaccinée ?

La vaccination des chèvres naines est extrêmement importante, en particulier si vous apportez de nouvelles chèvres dans un troupeau préexistant. Si les chèvres n'ont pas été vaccinées comme il faut, elles peuvent transmettre des maladies aux chèvres qui l'ont déjà été. Avant d'acheter, demandez à voir le suivi des vaccins et des traitements vermifuges et demandez-en une copie pour vous. Les chèvres naines devraient recevoir leur premier vaccin contre les maladies clostridiales vers l'âge de 10 ou 12 semaines – elles devraient également commencer à être traitées contre les parasites à la même époque. Sachez que les vaccins ne sont plus obligatoires en France.

Le troupeau a-t-il été testé pour les maladies ?

Même si vous avez pu vous assurer que les chèvres que vous achetez ont bien été vaccinées, il est quand même recommandé de vous renseigner sur l'état de santé du troupeau. Les maladies affectant les chèvres peuvent mettre des semaines voire des années à se manifester et elles sont alors difficiles ou impossibles à guérir. Certaines maladies sont fortement contagieuses et peuvent être transmises à l'homme. Demandez au vendeur si le troupeau est régulièrement testé pour être sûr d'acheter une chèvre en bonne santé.

La chèvre est-elle vraiment une naine ?

Lorsque vous achetez des chevreaux, vous ne verrez pas forcément si c'est une chèvre naine ou pas. Si ce n'est pas une chèvre naine, vous risquez de vous retrouver avec une chèvre laitière de 90 kg au lieu de la chèvre naine que vous vous attendiez à avoir. Pour éviter cela, achetez chez un éleveur de confiance.

Chapitre Cinq : Soins des chèvres naines

Posséder des chèvres naines de compagnie peut-être une expérience très agréable, mais il est important de comprendre comment s'en occuper. Comme tous les animaux, les chèvres naines ont besoin de nourriture, d'eau et d'un abri, et vous avez la responsabilité de satisfaire ces besoins élémentaires. Dans ce chapitre vous apprendrez comment leur fournir un abri, des soins et une alimentation appropriés – vous apprendrez également les notions de base sur la reproduction des chèvres naines.

1.) Soins et besoins

Les chèvres naines sont connues pour leur très bonne adaptabilité à des climats et des environnements variés. Pour cette raison, il est relativement facile de s'occuper de chèvres naines de compagnie. Comme tous les animaux, elles ont cependant un certain nombre de besoins en termes de logement, d'alimentation et de soins. Lorsque vous construisez l'enclos de vos chèvres naines, un certain nombre d'éléments doit être pris en considération.

La première considération concerne l'espace – pour chaque chèvre que vous souhaitez garder, vous aurez besoin d'au moins 1,40 à 2 m² d'espace ouvert. Il s'agit d'une estimation minimale pour le confort de l'animal – vérifiez avec votre chambre d'agriculture locale quelle est la taille requise obligatoire par chèvre naine. Vous devrez également prévoir d'entourer cette zone d'une clôture d'au moins 1,20 m de haut. Même si les chèvres naines ont l'air petites, elles sont capables de sauter à des hauteurs surprenantes.

L'abri est également un élément clé de la construction d'un enclos pour les chèvres naines. Selon le climat de votre région, il vous faudra peut-être une grange pour protéger les chèvres du froid, du vent, de la pluie et de la neige. Lorsque vous construisez cette grange, tenez compte de la taille, de l'accessibilité et de l'entretien. La grange devrait être assez grande pour abriter confortablement toutes vos chèvres, et elle devrait être facile d'accès pour vous comme pour elles. Pensez aussi qu'elle doit être facile à nettoyer.

En plus de l'abri, les chèvres naines aiment avoir des zones séparées pour dormir et jouer. Vous pouvez ajouter des séparations, des structures élevées et des plateformes fixées aux murs. Les chèvres adorent sauter sur ces structures pour dormir et cela fournira un endroit aux chevreaux où ils pourront jouer. Vous devriez aussi inclure un accès aux enclos extérieurs, pour que vos chèvres puissent aller et venir comme elles le souhaitent.

Le type de sol que vous choisissez pour la grange est très important. Si vous utilisez un plancher en bois traditionnel, il est probable qu'il garde l'odeur d'urine et qu'il finisse par pourrir. Les sols en ciment sont faciles d'entretien, mais ils peuvent aussi être humides et froids. Le meilleur sol pour votre grange est peut-être une base en gravier recouverte d'une épaisse couche de glaise. La glaise sera compactée par les chèvres et il sera facile de balayer les saletés. L'humidité disparaîtra dans la couche de gravier.

Un autre élément important des soins que vous apporterez à vos chèvres concerne l'eau fraîche. Il est important que vos chèvres puissent s'hydrater, mais sachez que si l'eau n'est pas fraîche, il y a peu de chances pour que vos chèvres la boivent. Ne cédez pas à la tentation d'économiser de l'argent en achetant des clôtures ou des matériaux de construction bon marché. Rappelez-vous que l'abri que vous offrez à vos chèvres ne sert pas seulement à les empêcher de sortir – il sert également à empêcher les prédateurs de rentrer.

Résumé des soins et des besoins

Espace : au moins 1,40 à 2 m² par chèvre (vérifiez avec la Chambre d'Agriculture de votre département)
Abri : grange fermée dans les climats froids ou tempérés, abri sommaire dans les climats chauds
Sol : base de gravier recouverte de glaise épaisse
Bonus : des plateformes surélevées pour manger et dormir

2.) L'élevage de chèvres naines

Faire se reproduire les chèvres naines est relativement facile, car ces animaux sont des reproducteurs précoces. Dans de bonnes conditions, les chèvres naines femelles produisent entre 1 et 4 chevreaux tous les 9 ou 12 mois après une période de gestation de 5 mois. On fait en général se reproduire la chèvre naine pour la première fois vers l'âge de 12 à 18 mois. Toutefois, il est possible qu'une chèvre fasse des chevreaux dès l'âge de deux mois. Il est donc important de séparer les chevreaux mâles et femelles suffisamment tôt.

À la naissance, les chevreaux pèsent en général entre 2,20 et 4,40 kg et ils sont capables de sauter et de courir quatre heures après la naissance. Les chevreaux nouveau-nés commencent tout de suite à s'allaiter et commenceront à manger du fourrage et du grain au bout d'une semaine. Les chevreaux sont en général sevrés vers l'âge de 12 semaines (3 mois) et sont considérés comme adultes au bout de 8 à 12 mois. Les chèvres naines femelles sont sexuellement polyœstriennes, ce qui signifie qu'elles peuvent avoir leurs chaleurs et produire du lait toute l'année. Les chèvres qui sont gardées principalement pour la traite peuvent être amenées à produire du lait en continu si on lui fait faire deux chevreaux en alternance.

a.) Guide pour la reproduction des chèvres naines

L'élevage des chèvres naines peut être une expérience très gratifiante et ce n'est pas très difficile. Les chèvres naines peuvent se reproduire tout au long de l'année, donc elles sont capables de produire des chevreaux deux fois par an. Tant que vous attendez l'âge approprié, vous ne devriez pas avoir de problème à encourager vos femelles à accepter un mâle.

N'oubliez pas qu'il n'est pas recommandé de garder une chèvre naine femelle et un mâle dans le même enclos après l'âge de 2 mois, sauf si vous avez castré le mâle. Si vous avez l'intention de garder un ou plus de mâles entiers, il vaut mieux les séparer complètement des femelles. Sauf si vous voulez que vos chèvres se reproduisent régulièrement, vous voudrez peut-être utiliser un mâle reproducteur appartenant à quelqu'un d'autre, plutôt que de garder un bouc non castré chez vous.

Il vaut mieux attendre que vos femelles aient atteint l'âge de 15 à 18 mois avant de procéder à leur reproduction. Avant de faire se reproduire vos femelles, il vaut mieux les arroser d'une solution vermifuge et le refaire quelques jours après la mise bas. Pendant les premiers 3 mois et demi de gestation, les femelles devraient recevoir la même nourriture que d'habitude. Si vous ne nourrissez pas vos chèvres individuellement, mais que vous préférez les nourrir toutes en même temps, assurez-vous que les femelles gestantes obtiennent assez de nourriture.

Après la limite des 3 mois et demi, vous devrez envisager de mettre les femelles gestantes dans des enclos individuels. Vous devrez peut-être aussi augmenter lentement leurs rations de nourriture concentrée jusqu'à atteindre le double de la portion habituelle. Un mois avant la mise bas, faites vacciner les femelles contre le tétanos et l'entérotoxemie – cela protègera les chevreaux jusqu'à ce qu'ils soient assez âgés pour recevoir leurs propres vaccins. À mesure que la date de mise bas approche, nettoyez l'enclos et surélevez le seau d'eau pour éviter que les chevreaux tombent dedans et se noient.

Dix jours environ avant la date de mise bas, commencez à surveiller régulièrement pour guetter les premiers signes de travail. Regardez si les mamelles se remplissent de lait et si les pis ont l'air brillants. Les muscles de chaque côté de la colonne vertébrale au niveau de la croupe peuvent également se relâcher et la chèvre peut commencer à gratter la litière de son enclos. Il est également important de maintenir un régime alimentaire sain parce que votre chèvre aura besoin d'énergie pour la mise bas.

Lorsque votre chèvre est prête à mettre bas, le col de l'utérus va se dilater et il va expulser un bouchon de mucus épais. Lorsque la chèvre commencera à ressentir des contractions, son corps va se raidir et elle peut s'étirer ou creuser le dos. Lorsque le chevreau entrera dans le canal génital, la chèvre va se mettre à pousser pendant les contractions – certaines chèvres restent debout, mais la plupart préfèrent s'allonger. Pendant que la chèvre continue de pousser, vous verrez une poche de liquide (le liquide amniotique) émerger du canal génital contenant le chevreau.

Une fois que le chevreau est né, vous devrez peut-être rompre la poche si cela ne se produit pas tout seul. Vous devrez alors contrôler le nez et la bouche du chevreau pour voir s'il n'est pas bouché par du mucus et pour vous assurer qu'il peut respirer. Après avoir coupé le cordon ombilical, aspergez-le pour prévenir les infections et laissez du temps à la chèvre pour créer un lien avec son chevreau. Une fois que c'est fait, nettoyez le chevreau avec de vieilles serviettes de bain et séchez-le en frottant.

Une fois que le chevreau est né et nettoyé, changez la litière de l'enclos de la chèvre et donnez-lui de l'eau fraîche. Assurez-vous que le chevreau a bien trouvé le chemin jusqu'au pis de sa mère et qu'il a commencé à téter. Sachez que cela peut prendre plusieurs heures avant que le placenta ne sorte – n'essayez pas d'accélérer le processus et enlevez-le de l'enclos dès qu'il est sorti.

b) Lait de remplacement pour chevreaux nains

Dans le cas où votre chèvre femelle ne produirait pas de lait, vous devrez faire du lait de remplacement. Cette formule peut être utilisée pour compléter le régime des chevreaux ou bien servir de lait de remplacement si le chevreau naît orphelin. Lorsque vous utilisez le lait de remplacement, ne donnez à chaque chevreau que 30 mL par 110 g de poids corporel. Divisez le repas en trois ou quatre tétées et augmentez la quantité à mesure que le chevreau grandit.

Recette du lait de remplacement :

47 cl de lait de chèvre pasteurisé
12 cl de crème entière

**Mélangez les ingrédients dans un biberon et secouez bien pour mélanger. Vous pouvez choisir de réchauffer légèrement le lait pour le rendre plus acceptable pour vos chevreaux nains.

c.) Posséder des boucs

Si vous n'avez pas l'intention de faire de l'élevage de manière régulière, vous devriez réfléchir pour savoir si vous souhaitez vraiment garder un bouc chez vous. Les boucs non castrés sont connus pour leur odeur pénétrante et pour leur mauvais caractère. Si vous n'êtes pas prêt, vous risquez de rencontrer des problèmes avec ces boucs. Si vous avez l'intention de garder des mâles, envisagez de les faire castrer pour éviter ces problèmes. Si vous souhaitez ensuite qu'une de vos chèvres ait des petits, demandez autour de chez vous pour savoir s'il y a des mâles reproducteurs disponibles. C'est une alternative préférable au fait de garder un mâle entier chez vous, sauf si vous mettez en place un programme de reproduction très actif.

d.) Résumé de la reproduction des chèvres naines

Période de gestation : 145 à 155 jours (environ 5 mois)
Cycle d'ovulation (chaleurs) : 18 à 24 jours
Durée des chaleurs : 12 à 48 heures
Âge de sevrage : 8 à 10 semaines
Maturité sexuelle (Mâle) : 10 à 12 semaines
Premières chaleurs (Femelle) : 3 à 12 mois

3.) Nourrir les chèvres naines

Les chèvres naines sont des animaux ruminants, ce qui signifie que leurs estomacs ont quatre compartiments : le rumen (ou panse), le bonnet, le feuillet et la caillette. Le rumen est la poche qui contient des micro-organismes qui travaillent à fermenter la nourriture avalée par la chèvre. Lorsqu'elles mangent du fourrage comme du foin et d'autres plantes, les chèvres y ajoutent de la salive et l'avalent. Plus tard, le fourrage est régurgité et mâché une seconde fois – ce procédé est appelé rumination.

Les chevreaux nouveau-nés utilisent principalement la caillette – la poche correspondant à notre estomac humain. Les chevreaux tètent immédiatement après la naissance et le lait va directement dans la caillette. Au bout d'une semaine environ, les chevreaux se mettent à manger du foin et le rumen commence alors à se développer. Cela peut toutefois prendre 8 à 10 semaines avant que le rumen soit totalement développé. Avant que celui-ci ne soit prêt, les chevreaux fonctionnent comme les animaux qui ne possèdent qu'un seul estomac.

Les chèvres naines sont des animaux qui broutent – elles recherchent leur nourriture, consommant différentes plantes, herbes et buissons. Les chèvres préfèrent en général les plantes à larges feuilles et les pissenlits ou les trèfles, mais elles mangent aussi des herbes sauvages. En ce qui concerne le foin, les chèvres ont tendance à préférer les légumineuses fourragères (comme la luzerne ou le trèfle) à l'herbe.

Pendant les mois d'été, les chèvres naines de compagnie, contrairement à celles qui servent à la traite, n'ont généralement pas besoin de nourriture autre que ce qu'elles trouvent en pâturage. Les chèvres utilisées pour leur lait et les chevreaux ont quant à eux besoin de nourriture supplémentaire. Les graines comme l'avoine, le maïs et l'orge sont de bonnes sources d'énergie pour les chèvres naines et elles n'ont pas besoin d'être broyées. La plupart des chèvres préfèrent les grains aplatis aux grains broyés et les grains aplatis sont en général recommandés pour les jeunes chevreaux, afin qu'ils s'habituent tôt à mâcher les graines correctement.

L'eau fraîche et propre est également une nécessité lorsque vous hébergez des chèvres naines. Outre l'eau fraîche, les chèvres ont besoin de certains éléments nutritifs pour que leur corps fonctionne comme il faut. Les nutriments les plus importants comprennent les protéines, les glucides, la graisse, les vitamines et les minéraux. Les besoins en protéines peuvent être satisfaits par le foin de luzerne ou de trèfle, ou par de la farine de soja. Il est important de noter que les chevreaux et les femelles en gestation ont besoin de davantage de protéines que les autres chèvres.

Les glucides et les graisses apportent de l'énergie. Ces éléments nutritifs sont généralement fournis par les grains entiers ou aplatis mentionnés ci-dessus. Soyez prudent si vous nourrissez vos chèvres avec des sous-produits venant des moulins, car ils peuvent être plus pauvres en graisses et en glucides que les grains entiers. Comme avec les protéines, les femelles gestantes et les chevreaux ont des besoins plus élevés en énergie et ceux-ci sont le mieux satisfaits par des grains entiers.

Certaines des vitamines les plus importantes pour les chèvres naines sont la Vitamine A et la Vitamine D. La Vitamine A est essentielle pour que la peau et les organes restent en bonne santé. Cette vitamine peut être trouvée dans du foin vert et dans le maïs jaune. Ces matières contiennent du carotène, une substance que le corps de la chèvre convertit en Vitamine A. La Vitamine D est essentielle pour le bon usage du phosphore et du calcium lors de la construction et de la réparation des os. Par temps chaud, les chèvres naines reçoivent la Vitamine D requise par la lumière naturelle. En hiver en revanche, il peut être nécessaire de leur offrir du foin séché au soleil.

Les minéraux les plus importants pour les chèvres naines sont le calcium, le phosphore, l'iode et le sélénium. La luzerne est un bon moyen d'apporter du calcium à vos chèvres tandis que les grains entiers sont une bonne source de phosphore. Bien que le calcium et le phosphore sont les plus importants, il peut être bénéfique de compléter l'alimentation de vos chèvres avec de l'iode et du sélénium. Le sélénium est connu pour son effet préventif contre la maladie des muscles blancs chez les chèvres et l'iode peut être fourni en donnant du sel iodé.

a.) Vitamines et suppléments minéraux

En plus d'offrir à vos chèvres une alimentation équilibrée constituée d'herbe, de foin et de graines, vous pouvez ajouter des suppléments de vitamines et de minéraux. Les vitamines et les minéraux dont vos chèvres ont besoin peuvent varier selon la région dans laquelle vous vivez, consultez donc votre vétérinaire pour savoir ce qu'il recommande. La nourriture disponible changeant d'une région à l'autre, les besoins en suppléments varient également.

Les suppléments sont le plus souvent utilisés par les éleveurs de chèvres naines et par ceux qui produisent des chèvres naines de concours. Il y a une grande pression pour produire des chevreaux bien développés qui grandissent vite. Beaucoup d'éleveurs utilisent des suppléments de vitamines et de minéraux avec des résultats très variables, mais ce n'est pas quelque chose que le propriétaire de chèvres naines devrait prendre à la légère. Donner des suppléments peut être compliqué avec les chèvres naines, et si vous ne savez pas ce que vous faites, vous pourriez leur faire plus de mal que de bien.

Les chèvres naines qui reçoivent une alimentation équilibrée n'ont pas besoin de beaucoup de suppléments. Elles peuvent bénéficier d'un ajout de sels minéraux à leur alimentation et de nutriments qui sont peu présents dans leur région. Il est important de savoir que les suppléments créés pour les autres animaux de ferme comme les bovins et les chevaux ne doivent pas être utilisés pour les chèvres naines. Les chèvres naines ont une tolérance très faible pour le cuivre et les suppléments prévus pour d'autres bétails en contiennent souvent plus que ce que le corps de la chèvre peut tolérer.

Il est aussi possible pour votre chèvre de faire une overdose de certaines vitamines liposolubles telles que les vitamines A, D et E. Ces vitamines peuvent être stockées dans le corps s'il y en a plus que nécessaire, mais si le corps les stocke pendant trop longtemps, ils peuvent être toxiques. Si vous choisissez néanmoins d'offrir des suppléments à vos chèvres naines, lisez bien l'étiquette sur le produit et ne donnez pas plus que la quantité nécessaire – même un tout petit excès peut causer des problèmes de santé.

Dans la plupart des cas, les suppléments ne sont pas nécessaires pour les chèvres naines. Si vous laissez vos chevreaux téter sous leur mère pendant 10 à 12 semaines et que vous leur offrez une alimentation équilibrée, ils ne devraient pas avoir besoin de suppléments pour bien grandir. Si vous donnez trop de suppléments alimentaires à vos chevreaux, ils pourraient avoir des problèmes de santé plus tard dans leur vie.

b.) Résumé de l'alimentation

Type d'estomac : quatre poches : le rumen, le bonnet, le feuillet et la caillette
Début de la tétée : immédiatement après la naissance
Sevrage : 8 à 10 semaines
Méthode d'alimentation : pâturage et fourrage
Aliments préférés : plantes à larges feuilles, mauvaises herbes, foin de légumineuses
Protéines : foin de luzerne et de trèfle, farine de soja

Glucides : grains entiers ou aplatis

Vitamines : Vitamine A dans le foin à feuilles et le maïs jaune, Vitamine D par l'exposition au soleil

Minéraux : calcium (grains entiers), phosphore (foin de luzerne), iode (sel iodé) et sélénium

4.) Construire un parc de jeux pour les chèvres naines

Garder des chèvres de compagnie peut être une expérience agréable et gratifiante. Ces animaux peuvent être très divertissants à regarder, en particulier si vous leur offrez un parc de jeux. Cela ne doit pas nécessairement être complexe ou coûteux – en fait, vous pouvez probablement en construire un avec des matériaux recyclés. Offrir un terrain de jeux à vos chèvres naines les aidera à rester actives et à créer des liens avec les autres chèvres du troupeau.

Pour construire un terrain de jeux pour vos chèvres naines, tout ce que vous avez à faire est de rassembler une collection d'objets sur lesquels elles peuvent grimper, sauter ou entre lesquels elles peuvent courir. Vous pouvez, par exemple, créer un labyrinthe fait de pneus posés à la verticale ou aligner des souches d'arbres de tailles différentes pour que vos chèvres naines puissent sauter de l'une à l'autre. Soyez créatif lorsque vous imaginez le parc de jeux et n'ayez pas peur de le réarranger une fois que vous avez observé vos chèvres dedans et que vous avez vu ce qu'elles préfèrent.

En plus de réfléchir aux objets que vous allez placer dans le parc de jeux, pensez à l'endroit où vous voulez situer le parc. Si vous avez un grand terrain clôturé pour vos chèvres naines, réservez-en une portion pour créer le terrain de jeux. Vous pouvez également clôturer une partie séparée de votre jardin pour créer le parc pour les chevreaux. L'endroit idéal pour le parc de jeux sera ensoleillé le matin, mais à l'ombre des arbres ou de la grange dans l'après-midi.

<u>Objets à utiliser dans le parc de jeux</u> :

- Vieux pneus
- Souches d'arbres et bûches
- Rampes en bois
- Vieux matériel agricole
- Gros rochers
- Tas de terre
- Jeu à bascule en bois

Il existe une infinité d'options pour la construction du parc de jeux, n'hésitez pas à être créatif !

Chapitre Six : Maintenir les chèvres naines en bonne santé

Si vous avez l'intention de garder des chèvres de compagnie, il est de votre responsabilité de les maintenir en bonne santé. Cela ne concerne pas uniquement l'abri et une alimentation adéquate, il vous faudra également tenir à jour les vaccins et consulter régulièrement le vétérinaire. Vous aurez beau être prudent, les chèvres ont toutes les chances d'être exposées à une maladie au cours de leur vie. Dans ce type de situation, il est impératif que vous preniez des mesures pour identifier la maladie rapidement et pour chercher un traitement.

Avant de ramener vos nouvelles chèvres naines chez vous, il est recommandé de vous familiariser avec quelques-uns des problèmes de santé les plus courants chez les chèvres naines pour savoir ce que vous devez surveiller. Si vous vous êtes préparé et que vous avez des connaissances sur les maladies les plus courantes, vous serez mieux équipé pour les traiter à mesure qu'elles émergent.

1.) Indicateurs normaux de la santé des chèvres naines

La clé pour garantir que vos chèvres naines restent en bonne santé est d'en savoir assez sur leur état normal pour savoir quand elles sont malades. Même si le fait d'apprendre les symptômes et les signes de maladies courantes chez les chèvres est très important, vous ne pourrez pas réellement savoir quand vos chèvres sont malades si vous ne savez pas quel est leur état lorsqu'elles sont en bonne santé.

Les mesures suivantes sont les normes pour des chèvres en bonne santé :

Température rectale - 39,1 - 40 °C
Pouls - 60 à 80 battements par minute
Rythme respiratoire - 15 à 30 respirations par minute

Il est important de noter que ces valeurs moyennes peuvent varier d'une chèvre à l'autre, mais que toute valeur qui se situe entre ces normes peut être considérée comme normale. Si votre chèvre naine est nerveuse, elle aura sans doute un rythme respiratoire plus élevé. Si vous pensez que c'est le cas, tenez-en compte lors de vos mesures.

Pour mesurer le rythme respiratoire de la chèvre, observez simplement le mouvement de sa cage thoracique et comptez le nombre de respirations en une minute. Pour mesurer le pouls de la chèvre naine, vous devrez peut-être utiliser un stéthoscope. Cette méthode nécessitera une deuxième personne qui pourra tenir la chèvre pendant que vous prendrez son pouls. Une autre option est de chercher le pouls avec vos doigts – posez vos doigts sur l'avant de la poitrine de la chèvre, juste au-dessus du cœur.

Outre ces valeurs indiquant la santé, il est recommandé de vous familiariser avec les valeurs correspondant aux différentes étapes de la vie de la chèvre. Certaines étapes clés sont la durée du cycle d'ovulation et la longueur de la gestation. Il est également utile de savoir à quel âge commence en général la puberté.

Les valeurs suivantes constituent la norme pour des chèvres naines en bonne santé :

Cycle d'ovulation - 18 à 23 jours
Chaleurs - 12 à 36 heures
Gestation - 145 à 153 jours
Puberté - 4 à 12 mois d'âge

La puberté est simplement l'âge auquel les chèvres naines atteignent leur maturité sexuelle – pour la plupart des chèvres, cela arrive vers l'âge de 4 à 12 mois. La maturité sexuelle signifie que la chèvre femelle peut-être fécondée et que le bouc peut féconder une femelle. Il est parfois possible pour une femelle d'être fécondée dès l'âge de 2 mois, c'est pourquoi il vaut mieux séparer les deux sexes avant qu'ils atteignent cet âge.

Les chèvres naines femelles ovulent en moyenne tous les 18 à 23 jours. L'intervalle pendant lequel elle est en chaleur (moment où elle est prête à être fécondée par un bouc) dure en général entre 12 et 36 heures. Une fois que les chaleurs ont commencé, la chèvre femelle ovule en l'espace de 24 à 36 heures.

Si la femelle est fécondée, la gestation du chevreau dure en moyenne entre 145 et 153 jours. Si le chevreau naît avant les 145 jours, il est probable qu'il soit prématuré et il aura une plus faible chance de survie. Les chevreaux nés avant 139 jours de gestation survivent rarement plus de quelques heures.

2.) Problèmes de santé courants

Entérotoxémie

Cette maladie est causée par une bactérie nommée *Clostridium perfringens*. Ces bactéries se trouvent naturellement dans les intestins des chèvres naines, mais, en certaines circonstances, elles peuvent se reproduire jusqu'à devenir toxiques. Il existe différents types pour cette maladie et elle peut affecter les chèvres naines à différentes étapes de leur vie. Le type C affecte en général les chevreaux pendant les premières semaines de leur vie. Le début de la maladie est souvent précipité par une augmentation de la nourriture. Le type D, appelé aussi maladie du rein pulpeux affecte les chevreaux de plus d'un mois et survient après un brusque changement d'alimentation. Les traitements pour cette maladie sont souvent inefficaces, mais la vaccination peut aider à la prévenir.

Cause : Bactérie *Clostridium perfringens*

Symptômes : perte d'appétit, léthargie, diarrhées, douleurs à l'estomac

Traitement : le traitement n'est pas efficace, vaccin recommandé

Tétanos

Cette maladie est causée par la bactérie *Clostridium tetani*, qui peut entrer dans le corps par des plaies ouvertes ou de la peau endommagée. Une fois qu'elle est dans le corps, la bactérie se répand et se reproduit jusqu'à des niveaux toxiques. Le tétanos cause des spasmes musculaires et peut rendre le corps de la chèvre raide et rigide. Le traitement est inefficace et la maladie est souvent fatale – elle peut, cependant, être évitée grâce à un vaccin.

Cause : bactérie *Clostridium tetani*

Symptômes : spasmes musculaires, démarche raide, ballonnement, anxiété, incapacité à ouvrir la bouche, excès de salive

Traitement : le traitement est inefficace, vaccin recommandé

Rage

Cette maladie est plus courante chez les animaux sauvages, mais elle peut néanmoins infecter les chèvres naines si elles sont mordues par un animal infecté. Bien qu'il n'existe pas de vaccin contre la rage conçu spécifiquement pour les chèvres, les vaccins pour moutons ont prouvé leur efficacité dans de nombreux cas. Malheureusement, le vaccin n'a aucun effet s'il est administré après la morsure. Parce que le coût de ces vaccins est élevé et que la maladie est relativement rare, c'est au propriétaire de décider s'il est nécessaire ou non.

Cause : morsure par un animal infecté

Symptômes : agressivité, anxiété, perte d'appétit, excès de salive, mousse autour de la bouche

Traitement : le traitement est inefficace, vaccin recommandé

Maladie de Johne ou paratuberculose

Cette maladie très sérieuse affecte divers ruminants tels que les chèvres, les moutons et les bovins. Cette maladie est causée par la bactérie *Mycobacterium avium* subsp. *pseudoparatuberculosis*, qui peut survivre dans le sol pendant de longues périodes. Pour cette raison, il y a souvent un long délai entre le moment de l'infection et la manifestation des symptômes. Cette maladie a tendance à s'étendre très rapidement sans être détectée ce qui peut causer la perte d'un troupeau entier. Les chevreaux sont les plus vulnérables à la maladie et ils peuvent être infectés par une femelle infectée. La meilleure façon de prévenir la maladie est de respecter une bonne hygiène et de tester régulièrement le troupeau.

Cause : Bactérie *Mycobacterium avium* subsp. *pseudoparatuberculosis*

Symptômes : les symptômes peuvent ne pas se manifester avant les étapes tardives de la maladie : perte de poids rapide, diarrhée, faiblesse

Traitement : entretien et nettoyage adéquats, tests réguliers

Ecthyma

Un type viral de maladie de la peau. Il existe un vaccin contre cette maladie, mais son injection peut-être dangereuse. Le vaccin pour cette maladie est « vivant » ce qui cause des lésions à l'endroit où le vaccin a été administré. Ces lésions sont très contagieuses pour les humains donc il est important de porter des gants lors du vaccin. Sauf si l'ecthyma est un problème au sein de votre troupeau, il vaut mieux ne pas faire faire le vaccin, car il introduit le virus au sein du troupeau. Une fois que vous commencez à vacciner contre l'ecthyma, vous devez effectuer des rappels tous les ans.

Cause : virus de la peau, disséminé par contact

Symptômes : lésions, pustules, croûtes

Traitement : le traitement est souvent inefficace, vaccin recommandé

Dermatite

En mots simples, la dermatite est une inflammation ou une irritation de la peau. La dermatite peut prendre différentes formes chez les chèvres naines et elle peut avoir différentes causes. Dans de nombreux cas, la dermatite se présente sous la forme d'une rougeur, mais elle peut aussi produire des ampoules, des desquamations et des croûtes. Il existe différents types de dermatites qui affectent les chèvres : à staphylocoques, sur les lèvres, entre les orteils, pustuleux, à malassezia, exfoliatif alopécique et herpétiforme.

La dermatite peut être causée par un certain nombre de choses incluant l'exposition à des substances toxiques, l'inhalation de produits chimiques ou de détergents et la sécheresse de la peau. Des infections fongiques peuvent également causer des dermatites, tout comme l'exposition aux allergènes dans l'alimentation ou le foin. Manger des plantes comme les orties ou les azalées peut exposer la chèvre à des mites qui peuvent causer une dermatite – les morsures de moustiques ou de guêpes peuvent aussi créer des problèmes de peau. Le traitement des dermatites varie selon la cause, mais il existe un certain nombre de crèmes et d'onguents tels que la lanoline, la vaseline, la crème de bétaméthasone et le diazinon.

Cause : exposition à des substances toxiques, inhalation de produits chimiques ou de détergents, sécheresse de la peau, infections fongiques, exposition à des allergènes dans l'alimentation, morsures d'insectes

Symptômes : rougeur prurigineuse, gonflements et bosses, furoncles ou pustules, desquamation, ampoules

Traitement : application de crèmes et d'onguents tels que la lanoline, la vaseline, la crème de bétaméthasone et le diazinon

Parasites

Parce qu'elles broutent, les chèvres sont très vulnérables aux vers. Toutes les chèvres ont des vers dans une certaine mesure, mais les vers qui causent le plus de dommages sont les vers de l'estomac et les vers coccidiens. Le vers de l'estomac le plus dangereux est *Haemonchus contortis*, qui perce la paroi de l'estomac causant une hémorragie et de l'anémie. Ces vers ont un cycle de vie court, ce qui les rend très difficiles à contrôler – ils se reproduisent très rapidement et peuvent hiberner pour survivre si nécessaire. Un autre type de vers de l'estomac est l'*Ostertagia cicumcincta*, qui creuse également dans la paroi de l'estomac. Ce vers cause des troubles digestifs et des diarrhées.

Les coccidies sont également couramment trouvées chez les chèvres. Un type de protozoaire unicellulaire, la coccidie est connue pour les dommages qu'elle inflige à la paroi de l'intestin grêle, là où se fait l'absorption des nutriments. Cela cause souvent un retard de croissance chez les chevreaux et une perte de poids et des diarrhées chroniques. Alors que les vers de l'estomac se transmettent souvent par le fait de brouter, les coccidies ont tendance à infecter les troupeaux confinés – en particulier lorsque l'hygiène est mauvaise.

Calculs urinaires

Les calculs urinaires sont courants chez les chèvres, ils affectent les voies urinaires. Ils surviennent plus souvent chez les mâles et peuvent empêcher l'urination et la reproduction. Les femelles y sont moins vulnérables, car leur urètre est plus court et plus droit. L'urètre plus long des mâles rend le passage de particules solides plus compliqué. Lorsque des particules solides s'accumulent dans l'urètre, cela crée des calculs urinaires.

Les calculs sont souvent causés par une mauvaise alimentation. Si vous nourrissez vos chèvres avec une mauvaise quantité de calcium par rapport au phosphore, cela peut causer une accumulation de particules solides dans l'urine. Le ratio idéal de calcium par rapport au phosphore est de 2 ½ à 1. La suralimentation en concentrés de céréales est également une cause courante, tout comme certains types de foin riches en phosphore et le foin fertilisé avec du fumier de poules.

L'accumulation de particules solides dans l'urine peut bloquer l'élimination de l'urine. La chèvre peut alors ressentir de la douleur ou une gêne lors de l'urination – dans les cas extrêmes, cet état peut conduire à la mort. La maladie ne se règle pas toute seule et elle peut rapidement devenir fatale si elle n'est pas traitée de façon appropriée. Il peut être nécessaire d'éliminer les calculs par voie chirurgicale, mais le traitement au chlorure d'ammonium est souvent efficace aussi. Il est important de ne pas donner trop d'eau aux chèvres atteintes, car elles ne pourront pas l'éliminer.

Cause : accumulation de particules solides dans l'urètre, souvent le résultat d'une mauvaise alimentation

Symptômes : agitation, anxiété, besoin de forcer pour uriner, corps ballonné, douleur ou gêne lors de l'urination

Traitement : dans les cas extrêmes, un acte chirurgical peut être nécessaire, le traitement au chlorure d'ammonium peut aussi être efficace

Pneumonie

Le terme pneumonie est utilisé pour décrire une inflammation ou une infection des poumons chez les chèvres. D'autres infections comme la bronchite, la trachéite et la laryngite se limitent généralement à la partie supérieure des voies respiratoires. La pneumonie est une maladie grave souvent due à une mauvaise gestion du troupeau. Des facteurs environnementaux comme une mauvaise ventilation, la surpopulation et une mauvaise hygiène sont des facteurs qui contribuent grandement au risque de pneumonie.

D'autres facteurs favorisant la pneumonie chez les chèvres sont les vers pulmonaires, le stress, l'inhalation de matériaux toxiques et l'exposition aux virus. Les vers pulmonaires ne causent pas directement la pneumonie, mais ils peuvent endommager le tissu pulmonaire, ce qui rend la chèvre plus vulnérable à une infection secondaire. Le stress peut également réduire la résistance aux maladies – cela est particulièrement courant chez les chèvres de concours qui sont exposées au stress du transport et de l'exposition. L'inhalation de substances toxiques peut également mener à une infection respiratoire.

Outre les facteurs décrits ci-dessus, certains types de virus, de bactéries ou de champignons peuvent aussi être des agents d'infection pour la pneumonie. Certaines des bactéries les plus couramment responsables de la pneumonie incluent la pasteurella et la corynébactérie. L'infection est souvent transmise par l'air et a tendance à s'étendre plus rapidement dans des conditions de surpopulation et lorsque de nouveaux animaux sont introduits dans un troupeau existant.

Certains des symptômes les plus courants de la pneumonie sont une respiration laborieuse, une respiration rapide, du bruit dans la poitrine, l'intolérance à l'effort et un écoulement nasal. Les chèvres souffrant de pneumonie peuvent finir par perdre du poids et, dans les cas extrêmes, mourir. Pendant les premières étapes de la maladie, il peut y avoir de la fièvre, mais la température de l'animal est généralement normale tout au long de la maladie. Certaines chèvres développent une toux chronique, mais c'est un signe typique d'infection des bronches ou du larynx.

Le traitement de la pneumonie implique d'identifier la cause sous-jacente de l'infection et de fournir un remède. Dans le cas des vers pulmonaires, votre vétérinaire pourra faire un examen fécal ou il pourra mettre en culture les écoulements nasaux. Il est important d'isoler les chèvres qui souffrent de pneumonie pour éviter qu'elles infectent les autres. Il est également important de faire vacciner de manière appropriée et de prendre de bonnes mesures d'hygiène pour éviter que la maladie se déclare.

Cause : peut être causée par des virus, des bactéries ou des champignons, peut également être le résultat d'une immunité affaiblie à cause d'une mauvaise aération, de la surpopulation ou du stress

Symptômes : respiration difficile, respiration rapide, toux chronique, fièvre, écoulement nasal, bruits dans la poitrine, intolérance à l'effort

Traitement : identification et remède contre la cause sous-jacente de l'infection

3.) Traiter les maladies des chèvres naines

Lorsque vous souhaitez traiter les maladies de vos chèvres naines, il est toujours plus prudent de demander conseil à votre vétérinaire. Celui-ci pourra vous aider à identifier correctement la maladie et recommandera le traitement approprié. Si des médicaments sont nécessaires, un de ces trois types d'injection pourra être utilisé par le vétérinaire :

Intramusculaire : Ce type d'injection est généralement administré dans le muscle du cou derrière la tête et doit être injecté lentement. Parce que les injections peuvent causer des dommages musculaires, elles ne doivent jamais être faites dans la région des reins ou des pattes.

Intraveineuse : Ces injections sont faites directement dans la veine et elles sont typiquement utilisées lorsqu'il est nécessaire de donner le médicament directement dans le flux sanguin pour faciliter une réponse rapide.

Sous-cutanée : Ce type d'injection est fait sous la peau, en général derrière la pointe de l'épaule. Pour une injection sous-cutanée, il faut faire une « tente » avec la peau en la pinçant et en tirant dessus pour l'éloigner doucement du muscle. L'aiguille peut être insérée et le médicament injecté dans la poche sous la peau. Ces injections sont plus efficaces lorsqu'elles sont faites lentement.

Médicaments oraux : Les médicaments antiparasitaires devraient toujours être administrés oralement, même lorsqu'un produit injectable existe. Pour administrer les traitements oraux, vous aurez besoin d'un pistolet drogueur. Pour l'utiliser, insérez la canule dans le coin de la bouche de la chèvre en la tenant en place. Pressez lentement la poignée pour faire passer le médicament sur la langue de la chèvre. Une fois que la chèvre a avalé le médicament, le pistolet peut être enlevé et la chèvre relâchée. En ce qui concerne les vaccins, laissez faire le vétérinaire.

4.) Vaccins

En plus de vous familiariser avec les problèmes de santé courants pouvant affecter les chèvres naines, vous devez aussi savoir que les chèvres naines ont besoin d'un certain nombre de vaccins. Toutes vos chèvres devraient être vaccinées contre les maladies clostridiales (particulièrement l'entérotoxémie) et le tétanos. Vous pourrez également les faire vacciner contre l'ecthyma contagieux, la lymphadénite caséeuse et la rage – ces vaccins ne sont nécessaires que dans les régions où elles ont été identifiées ou aux endroits où le risque est considéré comme élevé. Soyez très prudent lorsque vos chèvres sont vaccinées, car certains vaccins peuvent transmettre la maladie aux humains.

Surtout, si vous n'êtes pas qualifié pour vacciner vous-même vos animaux, faites-faire les injections par un vétérinaire.

Le but lorsqu'on administre un vaccin est de stimuler le système immunitaire de la chèvre pour qu'il produise des anticorps qui la protègeront contre la maladie pour laquelle est conçu le vaccin. Le vaccin lui-même ne protège pas vos chèvres contre la maladie, et aucun vaccin n'est garanti à 100 %. Après avoir été exposé au vaccin, le système immunitaire d'une chèvre en bonne santé produira des anticorps contre la maladie pendant une période d'environ 4 semaines. Après cette période, les anticorps fournissent généralement une protection de longue durée, mais certains vaccins nécessitent des rappels occasionnels.

Lorsque les chevreaux naissent, ils n'ont pratiquement aucun système immunitaire – ils reçoivent leurs premiers anticorps dans le lait de leur mère. Vers l'âge de 10 semaines, le système immunitaire du chevreau va commencer à se développer et c'est alors le meilleur moment pour commencer les vaccins. Il a été démontré que les vaccins administrés avant cet âge-là ont peu de résultats mesurables.

Résumé des vaccins recommandés :

Âge minimum – 10 à 12 semaines
Administration – faites vacciner les animaux par le vétérinaire
Vaccins recommandés – maladies clostridiales (en particulier l'entérotoxémie) et le tétanos
Vaccins optionnels – ecthyma contagieux, lymphadénite caséeuse et rage
Période de protection – la protection est maximale 4 semaines environ après l'exposition au vaccin

5.) Trousse de premiers soins pour chèvres naines

Si vous avez l'intention d'avoir des chèvres naines de compagnie, vous devriez prendre le temps de préparer une trousse de premiers soins. Tout au long de leur vie, vos chèvres naines seront probablement exposées à de petites blessures. Ces blessures peuvent être causées par des jeux brutaux ou simplement par des accidents qui peuvent arriver au quotidien. Parce que les soins vétérinaires peuvent être coûteux, il est plus sage de se familiariser avec les notions de base des premiers soins de la chèvre naine. Il est prudent de garder la trousse de secours toujours remplie et sous la main en cas de besoin.

Fournitures recommandées :

- Onguent antibactérien
- Poudre antibiotique
- Aspirine
- Gaze et compresses
- Epinéphrine
- Lait de magnésie
- Pénicilline
- Antitoxine tétanique
- Solution stérile pour lavage oculaire

a.) Traiter les blessures courantes

Les chèvres naines ont tendance à être un peu turbulentes et il n'est pas rare qu'elles se blessent en jouant. Si vous avez une trousse de premiers soins sous la main et que vous savez comment soigner ces blessures, vous pouvez économiser beaucoup d'argent sur les frais vétérinaires – en particulier si vous avez plusieurs chèvres naines.

Plaies et égratignures

Les plaies et les égratignures sont assez courantes chez les chèvres naines et, dans de nombreux cas, elles sont très petites. Si la plaie est très peu profonde et qu'elle ne saigne pas beaucoup, tout ce que vous avez à faire est de nettoyer la plaie, appliquer un onguent antibiotique et couvrir la plaie. Pour les plaies profondes, celles qui traversent la peau et séparent les côtés, vous devrez peut-être faire une suture. Si vous n'êtes pas formé à ce soin, vous pouvez nettoyer la blessure, appliquer un onguent antibiotique et panser la plaie jusqu'à ce que vous puissiez amener la chèvre chez le vétérinaire. Les blessures très graves et/ou dont le sang jaillit doivent être immédiatement traitées par un vétérinaire.

Une autre blessure courante impliquant des plaies ou des égratignures peut survenir lorsque vous taillez les onglons de votre chèvre. Si vous les taillez trop, vous pourriez couper dans la chair, ce qui peut causer des saignements abondants. Dans de nombreux cas, le saignement s'arrête tout seul, mais si la plaie est profonde, vous devrez peut-être l'envelopper et appuyer dessus pour arrêter le saignement. Ces blessures ne s'infectent généralement pas, mais si la plaie est très profonde, vous devrez éventuellement prendre la précaution de faire une injection de pénicilline.

Blessures à l'œil

Il est important de traiter rapidement les blessures à l'œil et les anomalies parce que même un tout petit problème peut devenir grave. Les chèvres naines peuvent subir des blessures ou des irritations de l'œil à cause d'herbe ou de paille qui se loge sous la paupière. Si ce n'est pas traité rapidement, cela peut mener à des coupures de la cornée et, potentiellement, à la perte de la vue. Les symptômes courants du problème incluent le strabisme, les écoulements oculaires, la fermeture de l'œil et l'accumulation de pus. Pour traiter ce type de plaie, rincez l'œil de la chèvre avec une solution oculaire stérile et ôtez le corps étranger avec précaution. Vous devrez aussi traiter l'œil avec un onguent antibiotique pendant plusieurs jours.

Blessures aux pattes

Si vous remarquez qu'une de vos chèvres boite, c'est probablement dû à une blessure. Le fait de boiter est le signe que le membre de l'animal est douloureux donc vous devriez l'examiner à la recherche de plaies ou de gonflements. Si vous parvenez à localiser une blessure physique, traitez la chèvre avec de la pénicilline et réexaminez la plaie au bout de 12 heures. Dans le cas d'une déchirure musculaire, traitez la chèvre avec de l'aspirine à hauteur de 5 g par 27 kg du poids de la chèvre. Réexaminez la chèvre au bout de 24 heures. Dans le cas où votre chèvre est incapable de bouger la patte ou de s'appuyer dessus, il est possible que la patte soit cassée. Ce type de blessure doit être traité par un vétérinaire et la patte devrait être soutenue jusqu'à ce qu'elle puisse être examinée par un vétérinaire.

Problèmes digestifs

Le signe le plus parlant de problèmes digestifs chez la chèvre est un changement des selles. Normalement, les selles des chèvres sont expulsées sous la forme de boulettes de 0,5 à 1,5 cm de diamètre. Les selles ressemblant à des crottes de chien ou les selles liquides indiquent une diarrhée ou une complication digestive grave. Chez les chèvres naines adultes, les selles liquides peuvent être le signe de parasites, d'entérotoxémie ou de maladie de Johne. Un bon produit pour traiter la diarrhée chez les chèvres naines est le sulfamide oral – un traitement courant contre la coccidiose et les infections bactériennes intestinales. Si, après avoir traité le problème, votre chèvre naine ne présente pas de signe d'amélioration, il vaut mieux consulter un vétérinaire pour déterminer la cause des troubles digestifs.

b.) Résumé des premiers soins pour chèvres naines

Fournitures recommandées – Onguent antibactérien, aspirine, gaze, épinéphrine, pénicilline, solution oculaire stérile

Plaies et égratignures – nettoyez la plaie et appliquez un onguent antibiotique et un pansement de gaze, les plaies plus profondes peuvent nécessiter des points de suture et de la pénicilline pour prévenir l'infection

Blessures des yeux – les symptômes sont les écoulements oculaires, la fermeture des yeux, le strabisme, l'accumulation de pus. Tout cela est le plus souvent causé par des corps étrangers sous la paupière. Rincez à la solution stérile pour les yeux et traitez avec un onguent antibiotique après avoir ôté le corps étranger

Blessures de la patte – examinez la patte pour trouver des plaies ou des gonflements, traitez les plaies à la pénicilline et les gonflements à l'aspirine, réexaminez la patte au bout de 12 à 24 heures

Problèmes digestifs – peuvent être causés par des parasites, l'entérotoxémie ou la maladie de Johne, identifiés par des selles différentes et traités par des sulfamides oraux

6.) Nettoyer après le passage de vos chèvres naines

Les chèvres naines sont des animaux assez propres par nature, donc nettoyer après leur passage n'est pas un problème significatif. Si vous pouvez laisser vos chèvres dans un pâturage, vous n'aurez à nettoyer que leur grange. Parce qu'elles sont propres, les chèvres naines ne se roulent pas dans la boue ni ne dorment dans une litière sale. C'est pourquoi vous devrez disposer d'un tas de foin propre à portée de main pour rafraichir la litière des stalles.

Si vous n'avez pas de pâturage pour vos chèvres, vous pouvez utiliser des clôtures pour les empêcher de se promener dans des zones où vous ne voulez pas qu'elles laissent leurs déjections. Pour que l'enclos d'exercice physique reste propre, vous pouvez maintenir vos chèvres à l'intérieur de la grange pendant la nuit. Dans les régions au climat très chaud, assurez-vous que la grange est bien ventilée pour que vos chèvres ne souffrent pas de coups de chaleur après avoir été maintenues en intérieur pendant de longues périodes de temps.

7.) Plantes et substances toxiques

Que vous gardiez vos chèvres dans un enclos ou un pâturage, il est important de vous assurer qu'elles n'entrent pas en contact avec des plantes ou des substances toxiques. Les chèvres naines ne connaissent pas la différence entre les plantes qu'elles peuvent manger sans crainte et les autres, donc il est de votre responsabilité de les protéger. Si jamais votre chèvre s'empoisonne, il est essentiel de faire intervenir le vétérinaire immédiatement. Dans les cas extrêmes, les chèvres peuvent mourir malgré un traitement rapide, mais leur prise en charge immédiate par un vétérinaire augmente leur chance de guérison.

Il est important de noter que les chèvres bien nourries sont moins vulnérables à l'empoisonnement. Si vos chèvres sont nourries correctement avec une alimentation saine, elles sont moins susceptibles de chercher de la nourriture et de manger des plantes potentiellement toxiques. Lorsque vos chèvres ont faim, elles auront moins de scrupules à manger n'importe quoi et peuvent aussi avoir une plus faible résistance au poison. La meilleure mesure préventive contre le poison est de bien nourrir vos chèvres naines.

Les plantes suivantes sont considérées comme étant toxiques pour les chèvres naines :

Avocat
Azalée
Buis
Manioc
Cerisier de Virginie
Datura
Tanaisie
Fuchsia
Houx
Piéries Japonica
If du Japon
Delphinium
Lilas

Muguet
Lupin
Asclépias
Aconits
Laurier des montagnes/d'Amérique
Solanaceae
Laurier rose
Érable rouge
Rhododendron
Rhubarbe
Cerisier sauvage

En plus de ces plantes, faites également attention à certaines substances pouvant être toxiques pour les chèvres. Les engrais, les désherbants et autres produits chimiques sont extrêmement toxiques pour les chèvres et doivent être gardés hors de leur portée. Les éléments suivants doivent être considérés comme toxiques pour les chèvres naines :

- Engrais chimiques
- Essence
- Désherbants
- Insecticides
- Peinture au plomb
- Mort-aux-rats
- Produits de nettoyage

Pour que vos chèvres soient en sécurité, il vaut mieux vous familiariser avec les symptômes de l'empoisonnement. La sévérité des symptômes varie en fonction de la quantité ingérée. Souvenez-vous, mieux vous saurez détecter l'empoisonnement rapidement, plus vos chèvres auront de chances de guérir.

Les symptômes courants de l'empoisonnement incluent :

Ballonnements
Colique
Coma
Constipation
Convulsions
Mort
Dermatite
Diarrhée
Pupilles dilatées
Fièvre
Sensibilité à la lumière
Mousse autour de la bouche
Hyperactivité
Boiterie
Respiration difficile
Spasmes musculaires
Pouls rapide
Faiblesse musculaire
Salivation excessive
Démarche maladroite
Vomissements
Pouls faible

Si vous pensez que vos chèvres naines se sont empoisonnées, vous devriez immédiatement prendre les mesures suivantes :

1. Prévenir une nouvelle exposition à la toxine.
2. Isoler la chèvre atteinte.
3. Fournir de l'eau fraîche en abondance et éviter de stresser la chèvre.
4. Consulter l'emballage à la recherche d'ingrédients soupçonnés d'être toxiques pour confirmer le diagnostic de l'empoisonnement.
5. Contacter votre vétérinaire immédiatement pour un traitement.

Vos chèvres peuvent consommer sans crainte les plantes suivantes :

Glands

Althéa

Pommes

Bambou

Banane

Haricots

Betteraves

Mûriers

Ronces

Brocoli

Cantaloup

Chou cavalier

Herbe-aux-chats

Carottes

Cèleri

Trèfle

Enveloppes de maïs

Peuplier

Agrumes

Pamplemousse

Ail

Gingembre

Ficus

Fèves

Orme

Pissenlit

Fougères

Foin

Hibiscus

Chèvrefeuille

Lierre

Orme japonais

Jojoba

Feuilles de manguier

Kudzu

Mesquite

Menthe

Frêne de montagne

Liseron

Mousse

Moutarde

Orties

Cosses de petits pois

Oignon

Plants de poivrons

Grenades

Citrouille

Pommes de terre

Framboisiers
Tournesols
Navets
Achillée
Vigne vierge de Virginie
Pastèque
Misère pourpre
Saule pleureur
Églantier

Chapitre Sept : Concours de chèvres naines

Il faut savoir qu'en France, il n'existe pas encore de standard officiel pour les chèvres naines, donc pas non plus de concours tels qu'ils existent pour les grandes chèvres, les poules ou les chats... En attendant et à titre d'exemple, vous trouverez dans le chapitre qui suit des informations relatives aux concours britanniques et américains.

Participer à des concours de chèvres naines peut être une expérience très gratifiante, mais c'est aussi difficile. Comme pour les concours de chiens, les concours caprins n'acceptent que les chèvres qui respectent un certain nombre de standards. De nombreux éleveurs de chèvres naines sélectionnent les chèvres de manière à atteindre ces standards, améliorant ainsi les chances de gagner un de ces concours.

Si les concours de chèvres naines vous intéressent, mais que vous n'avez aucune expérience dans le domaine, commencez par assister à un certain nombre de foires agricoles où vous trouverez vraisemblablement des concours d'animaux de ferme. Il existe des choses à faire ou à vérifier pour préparer votre chèvre naine à un concours.

Ces choses incluent :

1. Vérifier que votre chèvre ne possède pas de défauts disqualificatifs.
2. Apprendre à votre chèvre à marcher en laisse et à se tenir immobile.
3. Habituer votre chèvre à être touchée et à ce qu'on lui ouvre la bouche pour l'inspecter.
4. Brosser votre chèvre tous les jours pendant plusieurs semaines avant l'exposition.
5. Parer les sabots de votre chèvre et lui donner un bain deux jours avant le concours.
6. Frotter les cornes et les sabots avec un peu d'huile pour sabots pour les faire briller.
7. Assembler les fournitures dont vous aurez besoin au concours : bassine d'eau, foin, brosse, collier et laisse.
8. Réviser les règles et les conseils du concours et suivre les instructions du juge.

1.) Standard de la chèvre naine (GB et USA)

Si vous avez réellement l'intention de participer à des concours de chèvres naines, vous devrez apprendre à très bien connaître le standard des chèvres naines (comme je l'ai précisé plus haut, celui-ci n'existe pas encore en France, où il n'y a que quelques indications d'origine et de taille). Le standard officiel offre des indications concernant la taille, la couleur, la robe et l'apparence générale des chèvres naines mâles et femelles. Il existe des catégories séparées pour les mâles, les femelles et les mâles castrés, et chaque catégorie possède des défauts majeurs qui peuvent disqualifier l'animal.

Taille

- Les femelles doivent avoir une taille minimale de 43 cm au garrot et une taille maximale de 53 cm
- Les mâles doivent avoir une taille minimale de 43 cm au garrot et une taille maximale de 56 cm
- La hauteur entre le genou et l'os du canon doit être d'un minimum de 8,9 cm et d'un maximum de 11,4 cm

Apparence générale

- La tête doit être de longueur moyenne au profil droit ou concave
- Le chanfrein (museau) doit être arrondi, avec un menton fort
- Le front doit être large et plat ou légèrement concave
- Les yeux doivent être écartés, brillants et de couleur sombre
- Les oreilles doivent être de taille moyenne et fermes mais mobiles
- Le corps doit être grand par rapport à la taille de l'animal
- La poitrine doit être large et profonde, sa largeur doit augmenter vers le flanc, mais en restant symétrique
- Le dos doit être fort et droit sur le plan latéral, s'inclinant légèrement du garrot jusqu'aux reins
- La croupe doit avoir une inclinaison progressive avec une queue prononcée et haute
- Les hanches doivent être larges et de niveau avec le dos
- Les pattes doivent être vigoureuses et bien musclées

- Les pattes avant doivent être courtes et droites, les coudes proches des côtes
- Les pattes arrière doivent être droites et espacées

Robe

- Les chèvres naines doivent avoir une robe pleine avec des poils droits
- La robe peut varier en longueur et en densité
- Les femelles peuvent avoir une barbe clairsemée ou pas de barbe du tout – leurs barbes ne doivent pas être raccourcies
- Les mâles doivent porter une barbe pleine et longue avec une crinière sur les épaules

Couleur

- Toutes les couleurs et les motifs sont acceptables

Standards spécifiques au sexe

- Les femelles doivent posséder un pis arrondi avec des trayons placés de manière symétrique
- Les mâles doivent posséder des cornes plus longues et plus conséquentes que celles des femelles, même si l'écornage est permis
- Les mâles doivent posséder deux testicules de taille appropriée soutenus par un scrotum sain
- Les mâles castrés doivent avoir des cornes un peu moins développées que les mâles entiers et ne possèdent pas la même crinière

Défauts disqualifiants

- Défauts de la bouche et de la mâchoire (mâchoire avancée ou en retrait, mâchoire tordue)
- Défauts des trayons
- Génétiquement sans cornes
- Nez romain ou oreilles tombantes
- Taille ne répondant pas aux critères
- Chez les mâles, testicules de taille anormale ou non descendus
- Ablation des trayons surnuméraires

Les chèvres naines qui présentent certains défauts disqualificatifs peuvent néanmoins être inscrites dans certains concours ouverts aux femelles et aux mâles castrés, ainsi qu'aux chèvres ayant des défauts de la bouche, des trayons ou une taille non conforme.

2.) Notation des concours de chèvres naines

Lorsqu'une chèvre est inscrite à un concours, elle sera jugée sur sa conformité au standard dans un certain nombre de catégories. Différentes cartes de notation sont utilisées pour les femelles, les boucs et les mâles castrés, chaque carte possédant un total de 100 points. Il y a également une carte de notation sur 100 points pour la mise en valeur de la chèvre par le propriétaire – elle sert à évaluer les progrès du propriétaire qui est noté séparément de sa chèvre.

a.) Notation dans les concours

Apparence générale (Femelle 14 pts, Bouc 14 pts)
- Les mesures du corps sont conformes au groupe d'âge
- Génétiquement cornu
- L'apparence est équilibrée
- Les proportions sont larges par rapport à la hauteur et la longueur
- La santé est parfaite et la chèvre est en forme optimale

Tête et expression (Femelle 10 pts, Bouc 12 pts)
- Tête moyenne/courte, profil concave
- Les mâchoires sont larges et fortes, symétriques
- Mâchoires alignées
- Les yeux sont brillants et écartés
- Les oreilles sont de taille moyenne, fermes et dressées
- Le chanfrein (museau) est large
- Le nez est court et plat
- L'expression est animée et alerte

Robe (Femelle 4 pts, Bouc 6 pts)
- La robe est dense, abondante chez les boucs
- Le poil est lisse et de longueur moyenne

Coloration (Femelle 8 pts, Bouc 12 pts)
- Coloration propre à la race
- Accents de couleur claire sur le museau, le front et les yeux

- Couleur contrastante plus foncée sur le sommet de la tête, les canons et les pattes
- Des zones de couleur plus claire autour du corps sont acceptables

Cou (Femelle 3 pts, Bouc 5pts)
- Le cou est solide et musclé
- Gorge large, descendant doucement aux épaules

Épaules (Femelle 5 pts, Bouc 5 pts)
- Les épaules sont anguleuses et en arrière
- Les omoplates sont fermement attachées
- Le garrot est presque au même niveau que l'épine dorsale

Poitrine (Femelle 10 pts, Bouc 10 pts)
- La poitrine est large, proéminente sur la partie antérieure
- Le poitrail est large et plein aux niveau des épaules
- Les côtes sont bien cintrées, longues et écartées

Tronc (Femelle 8pts, Bouc 8pts)
- Le tronc est symétrique, large et profond
- Le tronc s'élargit vers les flancs

Dos (Femelle 8 pts, Bouc 8 pts)
- Le dos est fort et large
- Le dos est droit et au même niveau que le menton et les reins

Croupe (Femelle 8pts, Bouc 8pts)
- La croupe est de longueur et de largeur moyenne

- Les hanches sont larges et presque au même niveau que la colonne vertébrale
- Les trochanters sont hauts et écartés
- Les ischions sont apparents et bien écartés
- La queue est symétrique et portée bien haut

Pattes et pieds (Femelle 10 pts, Bouc 12 pts)
- Les pattes sont fortes et musclées, droites
- Les pattes avant sont droites et bien écartées
- L'os du canon est court, les coudes sont proches des côtes
- Les pattes arrière ont des jarrets courts et sont anguleuses, elles sont alignées avec les hanches
- Les paturons sont courts et forts
- Les pieds sont bien formés et symétriques
- Les talons sont profonds et la plante du pied est de niveau
- La démarche est légère et équilibrée, sans effort

Système mammaire (Femelles 12 pts)
- Les trayons sont cylindriques, de forme symétrique et placés de manière régulière
- Les trayons fonctionnent
- Les trayons sont libres de toute déformation ou obstruction
- Le pis est fonctionnel, ferme et équilibré
- Le pis est petit à moyen, bien attaché

Système reproducteur (Boucs 0 pts)
- Les testicules sont de taille normale
- Les testicules sont de la même taille et entièrement descendus

Système mammaire (Boucs 0 pts)

- Les tétons sont normaux et non fonctionnels
- Deux tétons, pas de malformation

Les points sont attribués dans les catégories ci-dessus en fonction de la conformité de la chèvre au standard de la race. Les défauts sont évalués et notés de modéré à très sérieux. Les juges utilisent une fiche de notation très détaillée pour évaluer la présence de défauts disqualificatifs ou de défauts mineurs qui font simplement baisser la note.

b.) Résumé de la notation de concours

Apparence générale - Femelle 14 pts, Bouc 14 pts
Tête et expression - Femelle 10 pts, Bouc 12 pts
Robe - Femelle 4 pts, Bouc 6 pts
Coloration spécifique à la race - Femelle 8 pts, Bouc 12 pts
Cou - Femelle 3 pts, Bouc 5 pts
Épaules - Femelle 5 pts, Bouc 5 pts
Poitrine - Femelle 10 pts, Bouc 10 pts
Tronc - Femelle 8 pts, Bouc 8 pts
Dos - Femelle 8 pts, Bouc 8 pts
Croupe - Femelle 8 pts, Bouc 8pts
Pattes et pieds - Femelle 10 pts, Bouc 12 pts
Système mammaire - Femelle 12 pts, Bouc 0 pts
Système reproductif - Bouc 0 pts

c.) Notation pour la mise en valeur

La capacité du propriétaire à présenter sa chèvre est également évaluée sur une échelle de 1 à 100. Trois catégories différentes sont évaluées pour un total de 100 points.

Apparence de l'animal (20 pts)
- État et apparence générale (la chèvre n'est ni trop maigre, ni trop grosse, bien soignée et prête pour le concours) – **5 points**
- Les onglons sont taillés – **5 points**
- Propreté (l'animal est propre et sans taches, toiletté pour le concours) – **10 points**

Apparence de l'exposant (10 pts)
- Les vêtements et la personne sont propres et présentables
- Vêtement approprié pour la présentation dans le ring d'exposition (sandales, chapeaux et shorts ne sont pas acceptés)

Présentation de l'animal dans le ring (70 pts)
- Mener l'animal en laisse – **10 points**
  - o Entre à une vitesse normale et marche autour du ring sur le côté gauche dans le sens des aiguilles d'une montre
  - o La chèvre réagit rapidement et se laisse guider
  - o Équipement de laisse approprié
  - o La tête de la chèvre est tenue haute, la démarche est gracieuse
  - o Les manœuvres appropriées sont exécutées à la demande

- Mise en valeur de l'animal – **15 points**
    - L'animal est positionné de façon à être mis en valeur
    - Se place là où le juge et la chèvre peuvent être observés
    - Place la chèvre de façon à ce que les pieds avants sont perpendiculaires au sol et les pattes arrières légèrement écartées
- Reconnaît les défauts de conformité au standard et fait des efforts pour les vaincre de façon appropriée – **5 points**
- Manœuvres – **20 points**
    - Guide l'animal comme il faut et d'après les règles
    - Répond correctement aux questions du juge
    - Attitude calme et attentive dans le ring
    - Comportement courtois et fairplay à tout moment
- Connaissance de la race – **20 points**
    - Répond correctement aux questions sur les chèvres naines
    - Répond correctement aux questions concernant la terminologie des chèvres naines

Autres considérations pour l'exposant

- Être poli et courtois envers les juges et les autres participants
- Laisser une distance appropriée lors de la marche ou du placement des chèvres en ligne
- Écouter attentivement les conseils du juge
- Être calme et confiant pendant le concours
- Ne pas laisser les genoux de la chèvre toucher le sol

- Exposer une chèvre qui a été correctement préparée et nettoyée
- Maintenir le contact visuel avec le juge
- Se tenir du bon côté de la chèvre pendant la préparation
- Maintenir la chèvre entre l'exposant et le juge
- Posséder de solides connaissances sur la race des chèvres naines
- Placer la chèvre de façon à la mettre en valeur
- Placer la patte appropriée en premier
- Montrer les manœuvres de façon correcte et fluide

d.) Résumé des notations de l'exposant

État et apparence générale – 5 points
Onglons parés et taillés – 5 points
Propreté – 10 points
Apparence de l'exposant – 10 points
Guider l'animal – 10 points
Placer l'animal – 15 points
Reconnaître/Vaincre les défauts de conformité – 5 points
Manœuvres – 20 points
Connaissance de la race – 20 points

Chapitre Huit : Erreurs courantes des propriétaires

Dans ce chapitre vous trouverez des explications au sujet des erreurs les plus courantes des propriétaires de chèvres naines. Si vous voulez éviter d'avoir des problèmes avec vos chèvres, prenez le temps de vous familiariser avec ces erreurs afin d'éviter de les faire avec vos chèvres.

Espace ou enclos inadéquat

Les chèvres naines sont petites, mais elles ont besoin de beaucoup d'espace pour courir et sauter. Ces petits animaux sont aussi très doués pour sauter et grimper, donc si vous choisissez une clôture trop basse ou pas assez solide, vos chèvres pourront s'échapper de l'enclos. Assurez-vous que vous fournissez au minimum 1,40 m² par chèvre naine et maintenez la clôture à une hauteur de 1,20 m² du sol.

Ne pas obtenir de permis

Si vous n'avez jamais eu de bétail auparavant, vous ne vous rendez peut-être pas compte qu'il faut un numéro de cheptel pour avoir le droit de posséder des chèvres dans votre jardin. Si vous vivez dans une zone résidentielle, des restrictions peuvent s'appliquer. Vérifiez auprès de votre commune pour savoir s'il existe des restrictions et renseignez-vous pour savoir comment obtenir les éventuels permis nécessaires. Il est important d'obtenir le numéro de cheptel avant d'acquérir la chèvre pour éviter d'éventuelles contraventions plus tard.

Ne pas être préparé à la responsabilité

Acheter et garder une chèvre chez soi représente autant de travail et de responsabilité que pour un chien. Ce n'est pas parce que la chèvre se trouve dans un enclos dans le jardin plutôt que dans la maison que vous n'avez pas besoin de vous en occuper. Si vous avez l'intention d'acheter une chèvre naine, vous devriez être prêt à lui fournir l'alimentation et l'abri adéquats – vous devrez également fournir les soins vétérinaires de routine et tous les vaccins nécessaires pour maintenir la chèvre en bonne santé. Si vous n'avez pas envie de vous engager à prendre toutes ces responsabilités tout au long de la vie de la chèvre, n'achetez pas une chèvre naine.

Garder une chèvre naine seule

Les chèvres naines sont de nature très sociable et elles préfèrent vivre en troupeaux. Si vous n'avez pas l'intention de faire se reproduire vos chèvres, envisagez de prendre deux mâles castrés. Il est également possible de garder une chèvre naine comme animal de compagnie pour les chevaux ou d'autres animaux – elles s'entendent aussi très bien avec les chiens, en particulier avec les bergers d'Anatolie.

Garder trop de chèvres naines

Même si elles sont beaucoup plus petites que d'autres animaux de ferme, vous devez être prudent quant au nombre de chèvres naines que vous gardez ensemble. Renseignez-vous pour savoir quel est le nombre maximal de chèvres que vous avez le droit de garder sur votre propriété et ne dépassez pas ce nombre. Ne pensez pas non plus devoir garder le maximum admis de chèvres – avoir moins de chèvres dans un grand enclos est une meilleure option pour la santé de vos chèvres que de garder trop de chèvres dans un petit espace.

Ne pas séparer les sexes

Les chèvres naines sont capables de concevoir très jeunes, donc si vous ne prenez pas la précaution de les séparer très tôt, vous courez le risque de finir avec une chèvre en gestation non prévue. Même si vous avez l'intention de vous lancer dans l'élevage, il vaut mieux garder les sexes séparés jusqu'à ce qu'ils soient suffisamment matures et alors vous devrez néanmoins surveiller les activités de reproduction. Ce n'est pas une bonne idée de garder les mâles entiers avec des chèvres femelles parce que non seulement cela peut créer des chevreaux non voulus, mais cela peut aussi causer des agressions entre les mâles.

Suralimentation ou changement de régime

Ces animaux sont connus pour être des mangeurs difficiles – ils ne tolèrent pas bien non plus les changements de régime alimentaire. Une fois que vous êtes installés dans une routine pour l'alimentation de vos chèvres, ne faites pas de changement brusque. Les changements brusques de régime causent des troubles de l'estomac extrêmes, et même des maladies dangereuses comme l'entérotoxémie. Si vous avez besoin de faire des changements dans le régime de vos chèvres, faites-le progressivement sur une période de 7 à 10 jours.

Techniques de reproduction inadéquates

Même si les chèvres naines sont des reproductrices prolifiques par nature, cela ne veut pas dire que vous pouvez vous lancer dans l'élevage sans faire de recherches préalables. Prenez toujours le temps de bien choisir les boucs qui se reproduiront avec vos femelles pour garantir des chevreaux en bonne santé. Ne faites jamais se reproduire un mâle à la forte carrure avec une petite femelle parce que cela posera des problèmes lors de la mise bas.

Sevrer les chevreaux trop tôt

Quand les chevreaux sont nés, ils commencent immédiatement à téter. Pendant les quelques jours qui suivent, les chevreaux peuvent commencer à brouter du fourrage ou même manger quelques céréales. Même s'ils peuvent manger ces aliments, les estomacs des chevreaux nains ne sont pas encore assez développés pour supporter une alimentation entièrement composée de céréales et de végétaux. Les chèvres naines adultes ont des estomacs avec quatre compartiments, mais à la naissance, le compartiment ruminant de l'estomac n'est pas encore pleinement formé. Pendant les premières semaines de sa vie, le corps de la chèvre naine agit comme si elle n'avait qu'un seul estomac – le lait passe directement dans le compartiment approprié plutôt que de passer d'abord dans le rumen.

Au bout de 6 à 8 semaines, le rumen devrait être suffisamment développé pour digérer les végétaux de manière appropriée. Après environ 10 semaines, on peut commencer à les sevrer du lait de leur mère. Même si les chevreaux mangent peut-être déjà de la nourriture solide, ils vont probablement continuer à téter du lait s'ils sont laissés avec leur mère. Pour cette raison, il vaut mieux séparer les chevreaux de leur mère vers l'âge de 10 à 12 semaines.

Chapitre Neuf : Questions fréquemment posées

Dans ce chapitre, vous trouverez un certain nombre de questions fréquemment posées concernant les chèvres naines. Si vous avez des questions sur l'achat, l'alimentation, la reproduction, ou les soins des chèvres naines, venez chercher ici une réponse à votre question.

Les sujets traités dans ce chapitre incluent :

Questions générales
Acheter et garder des chèvres naines
Reproduction des chèvres naines
Nourrir les chèvres naines
Santé des chèvres naines

Questions générales

Q : Les chèvres naines sont-elles différentes des autres chèvres domestiques ?

R : Les chèvres naines sont une race de chèvres domestiques miniatures. La chèvre appartient au genre *Capra*, qui comprend jusqu'à 9 différentes espèces y compris la chèvre sauvage. Les chèvres domestiques sont simplement une sous-espèce de la chèvre sauvage et les chèvres naines sont une race appartenant à cette sous-espèce.

Q : Quelle taille peuvent atteindre les chèvres naines ?

R : La taille des chèvres naines varie en fonction du sexe et du type, mais le poids moyen se situe entre 22 et 41 kg, avec une hauteur située entre 41 et 61 kg. Les femelles ont tendance à être plus petites, pesant de 22 à 34 kg alors que les mâles (boucs) pèsent entre 27 et 41 kg.

Q : Existe-t-il différentes sortes de chèvres naines ?

R : Les chèvres naines ne sont pas une espèce séparée de chèvres, mais une race parmi la sous-espèce de la chèvre domestique. Il n'y a pas d'espèces ou de races différentes de chèvres naines, mais elles existent dans une variété de couleurs. Les chèvres naines peuvent être de coloration unie ou multicolore, y compris des couleurs telles que le blanc, le noir, le caramel, le gris, le marron et l'agouti.

Q : Les chèvres naines sont-elles de bons animaux domestiques ?

R : Les chèvres sont gardées pour un certain nombre de raisons – elles peuvent être élevées pour leur chair, gardées comme animaux de compagnie pour d'autres animaux ou utilisées pour la recherche. Les chèvres naines, toutefois, sont plus populaires comme animaux de compagnie. Ces animaux sont très doux et affectueux par nature donc ce sont d'excellents animaux domestiques, en particulier pour les enfants.

Q : Quel type de climat est le plus favorable aux chèvres naines ?

R : Les chèvres naines sont des animaux très robustes, donc elles s'adaptent bien à une variété de climats. Assurez-vous juste de fournir l'abri nécessaire à votre chèvre. Si vous vivez dans un climat chaud, fournissez un abri ouvert à vos chèvres pour les protéger du soleil. Dans des climats froids, l'abri devrait être complètement fermé pour que vos chèvres restent au chaud.

Q : Combien de temps vivent les chèvres naines ?

R : L'espérance de vie d'une chèvre naine dépend de son alimentation et de la manière dont elle est soignée. En général, les chèvres naines vivent entre 10 et 15 ans.

Q : À quel moment les chèvres naines sont-elles devenues des animaux de compagnie populaires ?

R : Les chèvres domestiques sont originaires d'Afrique de l'Ouest et ont été domestiquées il y a de cela des milliers d'années – dès 7000 av. J.-C.. Ce n'est cependant que dans les années 1950 que les chèvres naines furent importées d'Afrique vers l'Europe. Tout au long des années 1950, les chèvres naines furent gardées dans des zoos en tant qu'animaux exotiques. A la fin de cette décennie, des chargements de ces animaux furent envoyés aux États-Unis, où ils commencèrent à servir d'animaux de compagnie pour des particuliers.

Acheter et garder des chèvres naines

Q : Ai-je besoin d'un permis pour posséder une chèvre naine ?

R : Il faut obtenir des papiers pour avoir le droit de posséder du bétail, et les chèvres naines ne font pas exception à la règle. Si vous avez l'intention de garder des chèvres naines chez vous, il vaut mieux également vous renseigner auprès de votre mairie pour savoir s'il existe des restrictions ou des interdictions.

Q : Combien faut-il d'espace pour mes chèvres naines ?

R : Si vous faites des recherches sur internet, vous verrez que cette question possède des réponses très variées. L'espace minimum que vous devez fournir à vos chèvres naines est de 1,40 m² à 1,90 m². Deux chèvres peuvent être gardées dans un enclos de 9 m par 9 m, tant qu'elles disposent également de beaucoup d'espace pour se dépenser. Notez que ces recommandations se basent sur le minimum requis ; plus vous pouvez leur fournir d'espace, mieux ce sera pour vos chèvres naines.

Q : Puis-je garder une seule chèvre naine ?

R : Vous pouvez garder une chèvre naine seule comme animal de compagnie, mais ces animaux sont plus heureux en groupe. Les chèvres naines sont des animaux très sociables et elles préfèrent faire partie de troupeaux. Elles peuvent aussi être gardées comme animaux de compagnie pour des chevaux ou d'autre bétail, donc si vous n'avez qu'une seule chèvre, il vaut mieux la garder avec un autre animal pour lui tenir compagnie.

Q : Est-ce que c'est difficile de s'occuper d'une chèvre naine ?

R : Les chèvres naines sont en fait assez faciles à soigner et relativement peu coûteuses par rapport à d'autres bétails. Parce qu'elles sont petites, les chèvres naines ont besoin de moins d'espace et de nourriture que le bétail traditionnel et il est en général assez facile de s'occuper d'elles. Les chèvres naines bien éduquées sont de merveilleux animaux de compagnie pour les enfants.

Q : Quelles restrictions existent pour limiter la possession de chèvres naines ?

R : Selon les communes, il peut exister des interdictions ou des limites quant au bétail que l'on a le droit de posséder. Les chèvres naines n'étant pas considérées comme des animaux de compagnie, elles subissent les mêmes règles qui s'appliquent au bétail. Renseignez-vous auprès de votre commune et surtout auprès de l'EDE (l'établissement départemental de l'élevage) de votre département. Vous devez vous y déclarer et faire identifier vos chèvres en leur mettant une boucle qu'ils vous fournissent. Vérifiez s'il existe une limite au nombre de chèvres que vous pouvez posséder.

Q : Puis-je garder ensemble des chèvres mâles et femelles ?

R : Il est possible de garder des mâles et des femelles ensemble tant que les mâles ont été castrés. Si les boucs sont entiers, il vaut mieux les loger séparément des femelles pour éviter des grossesses non voulues et des agressions entre mâles.

Q : Quels autres animaux peuvent être gardés avec mes chèvres naines ?

R : Les chèvres naines sont de très bons animaux de compagnie pour les chevaux et d'autre bétail – ils sont souvent utilisés dans les élevages de chevaux et aux hippodromes. Ces animaux s'entendent aussi avec les chiens et d'autres animaux de compagnie.

Q : Combien cela coûte-t-il d'avoir des chèvres naines ?

R : En ce qui concerne le calcul des coûts, il faut prendre en compte les dépenses initiales et les dépenses récurrentes. Pour acheter une chèvre naine, il faut d'abord investir dans un enclos puis acheter l'animal – les coûts peuvent varier entre 200 et 900 €. Vous devrez éventuellement faire écorner la chèvre et l'amener chez le vétérinaire pour mettre à jour ses vaccins. Les dépenses mensuelles pour vos chèvres naines incluent la nourriture et les soins vétérinaires, qui varient en fonction du nombre de chèvres que vous possédez et du type d'alimentation choisi.

Q : Quels sont les avantages des chèvres naines ?

R : Les chèvres naines sont beaucoup plus petites que le reste du bétail donc elles prennent moins de place. Ces animaux sont aussi de très bons animaux de compagnie et peuvent servir d'animaux thérapeutiques. Les chèvres naines sont faciles à dresser et elles peuvent se reproduire tout au long de l'année.

Q : Quels sont les inconvénients des chèvres naines ?

R : Outre la déclaration et l'identification obligatoires, vous devrez également construire un enclos adéquat – cela peut être très coûteux. Les chèvres de compagnie peuvent également détruire et salir – elles aiment sauter et grimper et peuvent être très espiègles.

Q : Où puis-je acheter des chèvres naines ?

R : Vous pouvez trouver des chèvres naines dans des refuges ou vous pouvez les acheter chez des éleveurs ou par des petites annonces sur le net. L'adoption d'une chèvre venant d'un refuge est l'option la moins coûteuse, mais l'acheter chez un éleveur garantit que la chèvre est de qualité.

Q : Que faut-il faire avant d'acheter une chèvre naine ?

R : Avant de sortir acheter la chèvre, vous devez préparer son enclos. Vérifiez auprès de l'EDE pour connaître l'espace minimum requis pour l'enclos et construisez un abri adéquat pour le nombre de chèvres que vous voulez avoir. Vous devriez également faire un stock de nourriture et contacter le vétérinaire local pour vous assurer qu'il est disponible pour effectuer les vaccins. Après avoir accompli ces étapes, vous devriez trouver un éleveur de confiance et le contacter pour acheter une chèvre.

Q : Quelles questions faut-il poser avant d'acheter ?

R : Avant d'acheter une chèvre chez un éleveur, il est prudent de poser quelques questions pour vous assurer que l'éleveur sait ce qu'il fait et que les chèvres sont bien sélectionnées et soignées. Renseignez-vous sur l'âge de la chèvre, son état de santé et son histoire. Demandez également ce qu'elle mange pour pouvoir lui donner la même chose pendant que vous faites la transition de régime alimentaire après l'avoir amenée chez vous.

L'élevage de chèvres naines

Q : Est-ce difficile de les faire se reproduire ?

R : Les chèvres naines se reproduisent toute l'année. En fait, ce sont des reproductrices prolifiques, donc vous n'avez pas grand-chose à faire pour les encourager. Il est important de séparer les mâles et les femelles, sauf si les mâles sont castrés ou que vous voulez qu'ils se reproduisent. Même si les chèvres naines sont capables de se reproduire quand elles sont très jeunes, il vaut mieux attendre qu'elles soient adultes.

Q : À quel âge peuvent-elles se reproduire ?

R : Les chèvres naines peuvent se reproduire dès l'âge de 9 mois, mais il vaut mieux attendre qu'elles aient 10 à 12 mois. Si on les fait se reproduire trop tôt, cela peut gêner la croissance du fœtus ou bien le fœtus peut rester coincé pendant la mise bas, causant la mort de la femelle et du chevreau.

Q : À combien de chevreaux par an peut-on s'attendre ?

R : Les chèvres naines femelles produisent en général 1 à 4 chevreaux tous les 9 à 12 mois après une période de gestation de 5 mois.

Q : À quelle vitesse se développent les chevreaux nouveau-nés ?

R : Les chevreaux nains commencent à téter immédiatement après leur naissance et ils sont en général capables de courir et de sauter en l'espace de 4 heures. Au bout d'une semaine après la naissance, les chevreaux commencent souvent à manger des graines et du fourrage en plus du lait de leur mère.

Q : Comment peut-on s'assurer qu'il y a toujours assez de lait pour les chevreaux ?

R : Si vous avez l'intention de faire se reproduire vos chèvres naines de façon régulière, vous pouvez utiliser deux femelles en alternance. Cela garantira que pendant qu'une chèvre est gestante, l'autre allaite et peut fournir du lait aux chevreaux qui grandissent.

Q : À quel âge dois-je sevrer mes chevreaux ?

R : Les chevreaux nains ne devraient pas être sevrés avant l'âge de 8 semaines. L'âge idéal pour leur sevrage se situe entre 10 et 12 semaines – ils devraient alors déjà manger de la nourriture solide. Si les chevreaux sont laissés avec leur mère, ils se peut qu'ils continuent à téter jusqu'à l'âge de 6 mois.

Q : Mes chèvres naines doivent-elles être écornées et stérilisées ?

R : L'écornage des chèvres naines est une histoire de préférences. Si vous avez l'intention de le faire, il vaut mieux que ce soit entre 7 et 14 jours après leur naissance. Une fois que les cornes sont fixées et commencent à pousser à travers la peau, l'écornage devient plus stressant et dangereux pour les chèvres. Si vous n'avez pas l'intention de faire de l'élevage et que les chèvres sont simplement des animaux de compagnie, il est préférable de faire castrer les boucs. Les mâles castrés font de bons animaux de compagnie et ils ne causent pas tous les problèmes pour lesquels les boucs entiers sont connus.

Nourrir les chèvres naines

Q : Dois-je nourrir mes chèvres naines si elles disposent d'un pâturage pour brouter ?

R : Une alimentation appropriée est très importante pour la santé de vos chèvres naines. Si vos chèvres peuvent trouver une nourriture équilibrée dans le pâturage, vous n'aurez pas besoin de compléter leur alimentation. Les jeunes chèvres et les chèvres qui allaitent ont toutefois des besoins en énergie plus importants, et elles peuvent avoir besoin de nourriture supplémentaire.

Q : Pourquoi ma chèvre naine ne boit-elle pas son eau ?

R : Les chèvres naines sont des animaux propres par nature et il arrive qu'elles refusent de boire de l'eau qui n'est pas assez fraîche.

Q : Comment les chèvres naines digèrent-elles leur nourriture ?

R : Les chèvres naines sont des animaux ruminants : elles possèdent des estomacs avec quatre compartiments différents. Comme les vaches, les chèvres mâchent deux fois leur nourriture : après l'avoir avalée, elles la régurgitent plus tard et la mâchent à nouveau. Les chevreaux ne naissent pas avec l'estomac entièrement développé – ils n'en ont pas besoin pour digérer le lait. Cela peut prendre entre 8 et 10 semaines avant que l'estomac d'un chevreau nouveau-né soit entièrement développé. Il pourra alors bien digérer les céréales et le fourrage.

Q : De quel genre de nutriments les chèvres ont-elles besoin ?

R : Comme tous les animaux, les chèvres naines ont besoin d'un équilibre entre les glucides, les graisses et les protéines pour rester en bonne santé. Les glucides et les graisses donnent de l'énergie et les protéines sont importantes pour une croissance en bonne santé. Les vitamines et les minéraux tels que les vitamines A et D et le calcium, l'iode et le phosphore sont également importants.

Q : Comment puis-je compléter l'alimentation de ma chèvre naine ?

R : Pour vous assurer que votre chèvre naine reçoit tous les nutriments dont elle a besoin, vous pouvez vouloir lui donner des légumes feuilles et du maïs. Les légumineuses offrent une source de vitamine A, qui est essentielle pour la santé de la peau et des organes. Le maïs fournit également de la vitamine A, et la vitamine D peut être fournie en proposant du foin séché au soleil.

Q : Quel type de foin préfèrent les chèvres naines ?

R : Les chèvres naines ont tendance à préférer les foins de légumineuses comme la luzerne ou le trèfle plutôt que l'herbe. Les chèvres naines aiment aussi les plantes à feuilles et les mauvaises herbes, mais broutent parfois aussi de l'herbe sauvage.

Q : Quels minéraux sont les plus importants dans l'alimentation d'une chèvre naine ?

R : Les chèvres naines ont besoin de calcium, de phosphore, d'iode et de sélénium dans leur alimentation. Le calcium se trouve dans le foin de luzerne tandis que les céréales fournissent le phosphore. L'iode peut être ajouté au régime de votre chèvre en offrant du sel iodé et le sélénium, si nécessaire, peut être donné sous forme d'injection par le vétérinaire.

Santé des chèvres naines

Q : Comment éviter que mes chèvres naines tombent malades ?

R : Maintenir les chèvres en bonne santé commence par le fait d'adopter des chèvres naines déjà en bonne santé. Achetez vos chèvres chez un éleveur sérieux et vérifiez qu'elles ont été vaccinées et testées pour certaines maladies de manière appropriée. Les chèvres pourront aussi être examinées par un vétérinaire une fois que vous les avez ramenées chez vous, et ainsi recevoir les vaccins qui n'ont pas été faits. En dehors de ces précautions, il s'agit simplement de fournir un régime alimentaire sain et un environnement propre à vos chèvres.

Q : Quelles sont les maladies les plus courantes affectant les chèvres naines ?

R : Certaines des maladies les plus courantes affectant ces chèvres sont l'entérotoxémie, le tétanos, la rage, la maladie de Johne et les parasites. Les vaccins sont disponibles et recommandés pour la plupart des maladies, parce qu'elles peuvent être très contagieuses et le traitement n'est pas toujours efficace.

Q : Quels sont les vaccins recommandés pour les chèvres naines ?

R : Vous devez être très prudent lors de la vaccination de vos chèvres, car certains vaccins contiennent des formes vivantes du virus et peuvent en fait introduire la maladie au sein de votre troupeau si elle n'y est pas encore présente. Les vaccins recommandés incluent les maladies clostridiales telles que l'entérotoxémie et le tétanos. D'autres vaccins tels que celui contre la rage peuvent être recommandés si votre troupeau a déjà été exposé ou si le risque d'exposition est grand.

Q : Ai-je besoin d'un vétérinaire pour administrer les vaccins ?

R : Légalement, si les animaux ne sont pas destinés à la revente, vous pouvez administrer certains vaccins vous-même, si vous êtes qualifié pour le faire. Mais je conseille de le faire faire par un vétérinaire.

Q : Comment fonctionnent les vaccins ?

R : Un vaccin est conçu pour stimuler le système immunitaire de la chèvre afin de le préparer à vaincre la maladie si elle y est exposée plus tard. Le vaccin introduit une toute petite quantité de la maladie dans le corps de la chèvre pour que son système immunitaire produise des anticorps pour l'attaquer. Cela prend 3 à 4 semaines avant que votre chèvre produise assez d'anticorps pour la protéger contre la maladie, et des rappels annuels peuvent être nécessaires.

Q : Quand dois-je commencer à faire vacciner mes chèvres naines ?

R : Les chevreaux ne naissent pas avec des systèmes immunitaires entièrement développés – ils reçoivent des anticorps dans le lait de leur mère. Il faut 8 à 10 semaines avant que leur système immunitaire se développe, donc il vaut mieux attendre que le chevreau atteigne 10 semaines avant de commencer à le faire vacciner.

Chapitre Dix : Sites internet pertinents

Posséder des chèvres naines n'est pas forcément compliqué, mais il est néanmoins recommandé de faire quelques recherches avant de sauter le pas. Les sites internet qui suivent vous aideront à trouver toutes les informations dont vous avez besoin pour vous préparer à adopter des chèvres naines et à les soigner correctement une fois qu'elles sont chez vous.

Dans ce chapitre, vous trouverez des sites internet dans les catégories suivantes :

Nourrir les chèvres naines
Soigner des chèvres naines
La santé des chèvres naines
Infos générales
Concours caprins

1.) Nourrir les chèvres naines

Aliment, Chèvre naine.com < http://www.chevre-naine.com/crbst_4.html>

Alimentation, La chèvre naine < http://chevresnaines.e-monsite.com/pages/au-quotidien/son-alimentation.html>

Forum de l'élevage, Alliance pastorale pour l'élevage, Alimentation et dosage < http://elevage.megabb.com/t1491-alimentation-et-dosage>

La chèvre naine – Alimentation, Les animaux de la ferme miniature < http://animaux.ferme-nomade.fr/chevre-naine/fiche-alimentation.html>

La chèvre naine – Forum alimentation <http://lachevrenaine.forumpro.fr/t10307-alimentation-chevre-naine>

La chèvre naine, Les ptites bêtes du net <http://www.ptitesbetesdunet.com/t19447-fiche-la-chevre-naine>

Nourriture, La chèvre naine < http://la-chevre-naine.e-monsite.com/pages/bien-etre/nourriture.html>

2.) Soigner des chèvres naines

Amours de biquettes, La chèvre naine < http://chevresnaines.e-monsite.com/pages/la-reproduction/amours-de-biquettes.html>

Bien tenir sa chèvre pendant les soins, La chèvre naine, forum < http://lachevrenaine.forumpro.fr/t34064-bien-tenir-sa-chevre-pendant-les-soins?highlight=bien+-%EAtre>

Les soins, La chèvre naine < http://chevresnaines.e-monsite.com/pages/au-quotidien/les-soins.html>

Logement, La chèvre naine < http://chevresnaines.e-monsite.com/pages/au-quotidien/son-logement.html>

3.) La santé des chèvres naines

Soins, Les animaux de la ferme miniature <http://animaux.ferme-nomade.fr/chevre-naine/fiche-soins.html>

Les maladies des chèvres, La chèvre naine – forum <http://lachevrenaine.forumpro.fr/t5319-les-maladies-des-chevres>

Soin des onglons, La chèvre naine < http://la-chevre-naine.e-monsite.com/pages/les-soins/les-onglons.html>

4.) Infos générales

Chèvre-naine.com < http://www.chevre-naine.com/>

Les animaux de la ferme miniature – Connaître la chèvre naine, l'essentiel < http://animaux.ferme-nomade.fr/chevre-naine/fiche-description.html>

Les tites galopeuses – Tout savoir sur la chèvre naine < http://les-tites-galopeuses.e-monsite.com/>

La chèvre naine, Forum < http://lachevrenaine.forumpro.fr/>

La chèvre naine < http://chevresnaines.e-monsite.com/>

5.) Concours caprins

Quelques sites de magazines généralistes sur lesquels vous pourrez trouver des informations sur les concours caprins (mais pas de concours de chèvres naines, faute de standard officiel) :

Pleinchamp.com <http://www.pleinchamp.com>

La-chèvre.fr < http://www.la-chevre.fr/public/index.php>

Web-agri.fr < http://www.web-agri.fr>

Concours Général Agricole de Paris < http://www.concours-agricole.com/animaux_documents.aspx>

Livres

Voici quelques livres traitant de la chèvre et de l'élevage. Il n'y a pas à ma connaissance de livres spécifiques sur l'élevage de chèvres naines, mais ces livres plus généraux vous seront néanmoins utiles.

ALADENISE Philippe et Cécile Fougère, *Le petit élevage bio de la chèvre*. Editions d'Utovie, 2013

CHEVRETEAU Eliette, *La chèvre*. Ed. Domens, Nîmes, 1992

CORCY Jean-Christophe, *La chèvre*. La Maison Rustique, 1991

ENCYCLOPEDIE D'UTOVIE, *Le petit élevage de la chèvre* Editions d'Utovie, 2001

FOURNIER Alain, *L'élevage des chèvres*. Collection « l'élevage facile » Artémis éditions, 2006

LUCBERT Jacques, *L'élevage des Chèvres*. France Agricole, 2012 (Livre plutôt destiné aux professionnels)

PANAFIEU Jean-Baptiste, *Des chèvres*. Ed. du Gulf Stream, 2002

QUITTET E., *La chèvre - Guide de l'éleveur*. La Maison Rustique, 1975

RAVENEAU Alain, *Le livre de la chèvre*. Ed. Rustica, 2005

SIMIANE Michel, *La chèvre*. Ed. Rustica, 2003
Sources utilisées par l'auteur (en Anglais)

« A Beginner Guide to Kidding. » Pygmy Goat Club.
<http://www.pygmygoatclub.org/general_info/kiddingarticle.htm>

Blackburn, Lorrie. « Normal Values. » National Pygmy Goat
Association. <http://www.npga-pygmy.com/resources/health/normal_values.asp>

Blankevoort, Mary. « Parasitism in Pygmy Goats. » National
Pygmy Goat Association. <http://www.npga-pygmy.com/resources/health/parasitism.asp>

Blankevoort, Mary. « Pneumonia in Goats. » National Pygmy
Goat Association. <http://www.npga-pygmy.com/resources/health/pneumonia.asp>

Bogart, Ralph. « Feeding Pygmy Goats. » Agricultural Research
Service – United States Department of Agriculture.
<http://www.goatworld.com/articles/nutrition/feedingpygmys.shtml>

« Cost of Raising a Goat. » Irvine Mesa Charros 4-H Club.
<http://www.goats4h.com/Goat-costs>

« Dermatitis. » Goat World.
<http://www.goatworld.com/articles/dermatitis/>

« Edible and Poisonous Plants for Goats. » Fias Co Farm. <http://fiascofarm.com/goats/poisonousplants.htm>

Everett, Nic. « Guidelines on Pygmy Goat Color Requirements and Descriptions for NPGA Registration. » National Pygmy Goat Association. <http://www.npga-pygmy.com/resources/conformation

« Feeding Goats. » Fiasco Farm. <http://fiascofarm.com/goats/feeding.htm>

Gasparotto, Suzanne. « Getting Goat Nutrition Right. » Onion Creek Ranch. <http://www.tennesseemeatgoats.com/articles2/feedinggoatsproperly.html>

Getzendanner, Laurie. « Goat Vaccinations. » National Pygmy Goat Association. < http://www.npga-pygmy.com/resources/health>

« Guidance for Local Authorities on the Licensing of Movements of Livestock. » Gov.UK. <https://www.gov.uk/government/publications/guidance-for-local-authorities-on-the-licensing-of-movements-of-livestock>

Hale, Lydia. « Housing. » National Pygmy Goat Association. <http://www.npga-pygmy.com/resources/husbandry/housing>

« Holding Register. » Gov.UK. <https://www.gov.uk/government/uploads/system/uploads/attachment_data/file/69416/pb13281-holding-register-091209.pdf>

"How to Care for Your Pygmys: Basic Condensed Version. » TJ's Farms. < http://www.tjsfarms.com/docs/Care.htm>

« Judging Scorecard for Pygmy Goat Does and Bucks. » National Pygmy Goat Association. < http://www.npga-pygmy.com/resources/conformation>

« Judging Scorecard for Showmanship. » National Pygmy Goat Association. < http://www.npga-pygmy.com/resources/conformation

Kinne, Maxine K. « Pygmies for All Reasons. » National Pygmy Goat Association. < http://www.npga-pygmy.com/resources/husbandry/allreasons.asp>

Kinne, Maxine. « Smoke Gets in Your Eyes. » Kinne.net. <http://kinne.net/disbud.htm>

Kinne, Maxine. « Poisonous Plants and Toxic Substances. » National Pygmy Goat Association. < http://www.npga-pygmy.com/resources/health/poisonous_plants.asp>

Krieg, Elaine. « Information on the NPGA Johne's Health Alert. » National Pygmy Goat Association. < http://www.npga-pygmy.com/resources/health>

Leman, Maggie. "For Your Information: Pygmy Goats 101. » Keystone Pygmy Goat Club. <http://www.keystonepygmygoatclub.com/fyi.htm>

Leman, Maggie. "How to Buy a Pygmy Goat: Questions Buyers Should Ask. » National Pygmy Goat Association. <http://www.npga-pygmy.com/resources/husbandry/buying_goat.asp>

Lewis, Mary Ann. « Playground for Pygmies. » National Pygmy Goat Association. < http://www.npga-pygmy.com/resources/husbandry/playground>

« Livestock. » Waterville Municipal Code. <http://www.codepublishing.com/wa/waterville/html/waterville06/waterville0620.html>

Maas, Jennifer. « Urinary Calculi. » National Pygmy Goat Association. <http://www.npga-pygmy.com/resources/health/urinary_calculi.asp>

« Miniature, Dwarf or Pygmy Goats. » Farm Alliance Baltimore.org. < http://www.farmalliancebaltimore.org/goats/>

« NPGA Breed Standard. » National Pygmy Goat Association. <http://www.npga-pygmy.com/resources/conformation>

Orlando, Kay. « First Aid. » National Pygmy Goat Association. <http://www.npga-pygmy.com/resources/health/firstaid.asp>

Orlando, Kay. « Vitamin and Mineral Supplements. » National Pygmy Goat Association. < http://www.npga-pygmy.com/resources/health/vitamins>

Panhwar, Farzana. « The Common Diseases of Goats. » Goat World.
<http://www.goatworld.com/articles/health/commondiseases.shtml>

Pavia, Audrey. « Keeping Goats as Companions. » UrbanFarmOnline.com.
<http://www.urbanfarmonline.com/urban-livestock>

« Pygmy Goat. » BioExpedition.com.
<http://bioexpedition.com/pygmy-goat/>

« Pygmy Goat. » Oklahoma State University Department of Animal Science.
<http://www.ansi.okstate.edu/breeds/goats/pygmy/>

« Pygmy Goat. » The Oregon Zoo Foundation.
<http://www.oregonzoo.org/discover/animals/pygmy-goat>

« Pygmy Goats Make Excellent and Unique Pets. » Amber Waves Pygmy Goats.
<http://www.amberwavespygmygoats.com/index.php?option=com_content&view=article&id=1775:pygmy-goats-make-excellent-and-unique-pets-&catid=902:first-time-goat-buyer&Itemid=73>

« Rabies. » Health Central.
<http://www.healthcentral.com/encyclopedia/408/738.html>

Schoenian, Susan. « General Health Care of Sheep and Goats. » Amber Waves Pygmy Goats. »

<http://www.amberwavespygmygoats.com/index.php?option=com_content&view=article&id=1930%3Ageneral-health>

Schoenian, Susan. « Soremouth (ORF) in Sheep and Goats. » Small Ruminant Info Sheet – University of Maryland Extension. <http://www.sheepandgoat.com/articles/soremouth.html>

Schoenian, Susan. « Vaccinations for Sheep and Goat Flocks. » Amber Waves Pygmy Goats. <http://www.amberwavespygmygoats.com/index.php?option=com_content&view=article&id=1019%3Avaccinations-for-sheep-and-goat-flocks&catid=21%3Adiseases&Itemid=73>

"Sheep and Goat Keepers – England Important Information. » Gov.UK. <https://www.gov.uk/government/uploads/system/uploads/attachment_data/file/69430/pb13441-sheep-goat-individual-reporting-reqd-101110.pdf>

Talley, Justin. « External Parasites of Goats. » Oklahoma State University. <http://pods.dasnr.okstate.edu/docushare/dsweb/Get/Document-5175/EPP-7019web.pdf>

« Tetanus. » Onion Creek Ranch. <http://www.tennesseemeatgoats.com/articles2/tetanus.html>

« The Biology of the Goat. » Goat Biology. <http://www.goatbiology.com/parasites.html>

« The Pygmy. » National Pygmy Goat Association.
<http://www.npga-pygmy.com/resources/husbandry/about_thePygmy.asp>

« The Pygmy Goat Breed Standard. » Pygmy Goat Club.
<http://www.pygmygoatclub.org/forms/Microsoft%20Word%20-%20THE%20PYGMY%20GOAT%20BREED%20STANDARD2012.pdf>

"The Pygmy Goat Club: How it Began. » Pygmy Goat Club.
<http://www.pygmygoatclub.org/general_info/articles/pgc_howitbegan.htm>

Thompson, Margaret. « The Male Goat. » Pygmy Goat Club.
<http://www.pygmygoatclub.org/general_info/themalegoat.htm>

Van Metre, D. « Enterotoxemia (Overeating Disease) of Sheep and Goats. » Colorado State University Extension.
<http://www.ext.colostate.edu/pubs/livestk/08018.html>

Van Saun, Robert. « Parasites in Goats. » Department of Veterinary Science Penn State University.
<http://vbs.psu.edu/extension/resources/pdf/presentations/PR-Goat-internal-parasites-VanSaun.pdf>

Walters, N. Galen. « Coccidiosis: Understanding the Drugs Available for Control. » National Pygmy Goat Association.
<http://www.npga-pygmy.com

Index

CPSIA information can be obtained
at www.ICGtesting.com
Printed in the USA
BVHW042354210420
578018BV00017B/1062